온앤오프
연계수업

온앤오프 연계수업

초판 1쇄 발행 2021년 3월 29일

지은이 | 참쌤스쿨

발행인 | 최윤서
편집장 | 허병민
디자인 | 디자인봄
마케팅 지원 | 김수경, 최수정
펴낸 곳 | ㈜교육과실천
도서문의 | 02-2264-7775
인쇄 | 031-945-6554 두성 P&L
일원화 구입처 | 031-407-6368 (주)태양서적
등록 | 2020년 2월 3일 제2020-000024호
주소 | 서울특별시 중구 창경궁로 18-1 동림비즈센터 505호
ISBN 979-11-969682-8-1 (13370)

교사와 학생이
활발히 상호작용하는

온앤오프
연계수업

참쌤스쿨 지음

교육과실천

온라인 수업 도구와 사례로 넘쳐나는 세상에서 제대로 아이들을 바라보고 있는 책을 만났습니다. 오로지 아이들의 배움을 위해 노력해 온 선생님들께서 온라인 수업의 어려움을 극복하기 위해 애쓴 노하우를 이 책에 고스란히 담았습니다. 선생님들의 열정에 감사드립니다.

권인숙, 국회의원

대면과 비대면, 어떤 상황에서도 의미 있는 수업을 하기 위해 노력하는 교사의 마음이 잘 담겨 있는 책입니다. 온라인 수업과 오프라인 수업을 연결하고 싶은데 방법을 모를 때 펼쳐 보세요. 기술이 있는 수업 대신 '배움'이 있는 수업을 할 수 있을 것입니다.

김병우, 충청북도교육청 교육감

온라인과 오프라인 수업을 어떻게 성공적으로 같이 운영할지, 우리 반 학생들이 온라인 수업을 초롱초롱한 눈으로 참여하도록 하려면 어떻게 할지, 선생님들의 고민과 궁금증을 해결해 줄 친절한 '옆 반 선생님'이 되어 줄 책입니다. 온라인과 오프라인 수업, 새로운 교육 실천에 대해 치열하게 현장에서 연구한 사례가 담겨있어 수업을 해보고 싶다는 생각이 절로 들게 합니다. 일독과 실천을 꼭 권해드립니다.

신종호, 서울대학교 교육학과 교수, EBS '미래교육 플러스' 진행

코로나19로 인해 교육 현장은 급격하게 찾아온 변화를 경험하고 있습니다. 이 책은 이러한 변화를 기회로 인식하고 교실 속에서 온라인과 오프라인을 연결한 선생님들의 수업과 학급운영 사례를 자세하게 안내하고 있습니다. 모두가 초임 교사가 된 것과 같은 현 상황에서 수업과 학급운영을 고민하는 선생님들께 마음을 다해 추천합니다.

성기선, (전)한국교육과정평가원장

PART 3. 멀리뛰기 - 교실에 온기 불어넣기

PART 1

온앤오프 수업이란 무엇인가

❶
앞당겨진
교육의 변화

코로나로 미리 온 미래 교육

'코로나로 미리 온 미래 교육' 지금의 상황을 잘 나타낸 말입니다. 교사들은 코로나 19로 인해 사상 초유의 원격 수업, 학교 방역, 돌봄, 학습격차 등 그동안 고민해보지 않았던 모든 상황에 대한 대책을 단기간에 세우고 실행해야 했습니다. 그 과정에서 많은 어려움과 갈등이 있었고 그동안 교사들이 축적해왔던 모든 경험이 '0'으로 돌아가는, 그야말로 모두 신규 교사가 되어 하루하루 버텨내고 있습니다. 코로나19가 종식되더라도 쉽게 전으로 돌아갈 것 같지 않습니다.

하지만 코로나19가 재난만을 가져온 것은 아니었습니다. 코로나19가 가져온 가장 큰 변화는 첫째, 꼭꼭 숨겨났던 교육이 조금 더 솔직해졌다는 점입니다. 일 년에 1년에 한두 번 공개수업 때나 볼 수 있었던 교실의 수업이 매일 공개되었고 가정의 형편과 지역의 차이에 따른 학력 격차도 적나라하게 드러났습니다. 그동안 '학교'라는 물리적 공간에서, '교실'이라는 안정적이고 획일화된 공간에서 조용히 이루어졌던 교육의 모습이 많은 부분 공개되었습니다. 거의 매일 공개수업을 해야 하는 교사 입장에서는 부담스러운 것도 사실이나 반면에 교육에 있어 조금 더 솔직해지고 가정과의 연계가 더욱 절실하게 필요해졌습니다.

둘째, 전 국민이 반강제로 스마트해졌습니다. 의도한 것은 아니었지만 코로나19는 우리에게 비대면 교육이라는 새로운 교육 방법을 가져왔습니다. 소수의 '능력자' 선생님이 온라인 수업, 스마트 교육을 시도했던 예전의 모습과 달리 코로나19로 인해 전국의 많은 교사가 활발하게 온라인 수업을 고민하고 경험한 것은 우리나라 교육 혁신에 있어 큰 의미가 있다고 생각합니다. 참쌤스쿨에서 2019년도에는 전국 17개 시도교육청을 오가며 일 년 내내 '참쌤스쿨 콘텐츠 축제'라는 수업 축제를 열었습니다. 전국적으로 약 3,000명의 선생님이 참여했던 큰 행사였습니다. 물리적으로 오가는 것도 힘들었지만 장소 대관, 명단 확인, 식사 및 간식류 준비, 강사 섭외, 그 밖의 행정업무 등 신경 써야 하는 일이 많았고 일과 시간 내에 행사를 마쳐야 하니 시간 조정도 상당히 힘들었던 기억이 납니다. 그런데 2020년 상황이 여의치 않자 온라인 콘텐츠 축제로 전환했고, 일주일만에 4,000명 넘는 선생님이 참여하셨습니다. 대부분 퇴근 후 집에서 참여하셨고 준비할 일과 필요한 예산도 훨씬 줄었습니다. 지금 생각하면 2019년에는 왜 그렇게 힘들게 전국을 돌아다니며 행사를 진행했는지 다시 생각할 만큼 새로운 교육 방법을 경험하게 되었습니다.

셋째, 학교가 감당한 사회적 역할의 소중함을 알게 됐습니다. 코로나19로 인해 학력격차, 돌봄 공백, 학생들의 공동체 경험 제한 등의 문제가 생겼고 많은 가정에서 어려움을 겪었습니다. 그동안 학교가 해왔던 수많은 사회적 역할의 소중함에 대해 다시 느끼게 되었습니다.

넷째, 배움 확장의 새로운 기회를 맞이하게 되었습니다. 코로나19로 인한 온라인 수업이 대두되면서 학습의 개별화, 자기주도학습의 가능성을 봤습니다. 그동안 우리 수업의 모습은 초등학교 40분, 중학교 45분, 고등학교 50분, 이렇게 학급의 모든 학생이 똑같이 40분 수업하고 10분 쉬고, 40분 수업하고 10분 쉬는 경직된 시간 중심의 수업이었습니다. 이제는 수업의 모습이 조금 더 유연해지고 시간보다는 과업 중심으로 변하는 모습을 볼 수 있었습니다.

한마디로 견고한 '틀'이 깨지게 되면서 개별화에 대한 화두를 던져주었습니다. 예를 들어 '줄넘기'를 한다면 예전에는 모두 같은 시간에 운동장에 나가 같이 줄넘기를 했습니다. 온라인 수업 상황에서는 '하루 100개 넘기' 목표를 세우고 줄넘기를 잘하는 학생은 아침에 일어나서 10분만에 해결할 수도 있습니다. 줄넘기를 어려워하는 학생은 저녁에 부모님이 퇴근 후 한 시간 동안 같이 할 수도 있습니다.

물론 급하게 시작된 지금의 온라인 수업은 질적인 측면에서 부족한 점이 많습니다. 하지만 온라인 수업 경험을 바탕으로 더욱 연구하고 적극적으로 활용한다면 기존 수업 방식의 한계점을 보완하고 발전시킬 수 있을 것입니다. 그래서 교육부도 2020년 8월에 코로나19가 종식되더라도 미래 교육 차원에서 초·중·고교 수업에 원격 수업과 대면 수업을 병행하는 블렌디드 러닝(blended learning)을 지속할 방침이라고 밝혔습니다.

또한, 교육부가 2020년 10월에 발표한 '코로나 이후 미래교육 10대 정책과제'에서도 새로운 학교의 모델을 구현하면서 미래형 혁신학교, 그린 스마트 미래학교, 디지털 환경 조성 등 에듀테크와 디지털 중심의 교육 흐름을 이어 갈 것이라고 발표했습니다.

- (미래형 혁신학교) 과감한 상상력으로 미래교육 운영모형을 시범 적용하는 미래형 혁신학교('21, 103개교)를 통해 혁신적 교육 사례 확산
  - 창의적 교육과정–수업–평가, 공간혁신, 지연 연계, 에듀테크 등 혁신학교의 성과 위에 공교육을 혁신하는 모델학교 수행 지원
  ※ (예) 마을학교 연계 프로젝트형 학기제, 지역사회 자원 활용 학생 주도적 교육활동 등
- (그린 스마트 미래학교) 노후학교 개축 또는 리모델링을 통해 학생 안전 및 디지털 기반 유연한 교육과정 운영 등이 가능하도록 혁신
  ※ '21년부터 5년간, 개선 필요 노후시설 2,835동에 대해 18.5조 원 투입
  - 디지털 장비, 정보통신 설비 비품, 스마트기기 등을 통해 미래형 교수·학습이 가능한 정보통신기술(ICT) 기반 스마트교실로 구축

　　최근에 발표된 경기도교육청의 '2030 경기미래교육'의 2030년 강슬기의 수업 시간표를 살펴보면 대면 수업 – 온라인 수업 – 학교 밖 학습 등 다양한 형태의 수업이 연계되어 이루어지리라 예측합니다.

[예시] **2030년 강슬기의 시간표**

슬기는 화요일에 온라인으로 '사회문화' 수업에서 자매교류를 맺은 해외학교, 타 지역 학생들과 함께 강의를 듣고 토론을 하면서 다각적으로 생각할 수 있는 기회를 가짐. 오프라인과 온라인이 함께 이루어지는 '과학' 수업은 화요일에 온라인으로 먼저 강의를 듣고 수요일에 오프라인으로 모여 프로젝트를 진행하고 있음. 목요일에는 학교 밖에서 연극, 도시 스마트 농업 등의 수업을 들으면서 창업을 꿈꾸고 있음.

시간 \ 요일	월	화	수	목	금
1	학교 수업	온라인 수업	학교 수업	학교 밖 학습장	학교 수업
2	학교 수업	온라인 수업	학교 수업	학교 밖 학습장	학교 수업
3	학교 수업	온라인 수업	학교 수업	학교 밖 학습장	학교 수업
4		온라인 수업	학교 수업	학교 밖 학습장	학교 수업
5	학교 수업	교육과정 클러스터	학교 수업		
6	학교 수업	교육과정 클러스터			
7	학교 수업	교육과정 클러스터			

　　이렇듯 온라인 수업은 코로나19로 인한 '땜빵' 수업이 아니라 우리가 진지하게 고민할 미래 교육의 한 모습일 것입니다. 그렇다면 지금의 온라인 수업을 어떻게 발전시킬 수 있을까요?

온라인 수업의 원칙

'바람직한 온라인 수업'은 무엇일까요? 모든 교육의 모습이 그렇듯 어떤 방법만이 정답이라고 말할 수는 없겠지만, 몇 가지 원칙은 존재합니다.

첫째, 좋은 수업은 좋은 '관계'에서 나옵니다. 이는 오프라인 수업뿐만 아니라 온라인 수업도 마찬가지입니다. 온라인 수업이 관계 형성 없이 단순 강의만 하는 수업이라면 차라리 EBS나 유튜브 강의 영상을 보여주는 것이 효과적이겠죠. 온라인상에서 교사와 학생, 학생과 학생의 긍정적 관계를 만드는 것은 기술로 대체할 수 없는 교사가 가진 역량에서 나올 것입니다. 이는 '교사 실재감'이라고도 하는데, 신을진(수업과 성장 연구소) 교수님에 따르면 우리 교육에서 온라인 수업의 방향을 제대로 잡기 위해서는 다른 요소들보다 우선적으로 교사 실재감에 초점을 둘 필요가 있다고 합니다. 낯설고 어색한 온라인 수업 상황 속에서도 '내가 원하는 수업이 무엇인지 구체화하고, 그것을 향해 나아갈 수 있는 방법을 고민하면서 힘을 모아 가는 상태, 그것이 바로 깨어있음'의 의미입니다. 매우 공감합니다.

둘째, 중요한 원칙 중 하나는 '선생님이 최대한 덜 말하는 것'입니다. PPT 화면을 띄워놓고 40분 내내 진행되는 강의식 수업은 스마트기기의 작은 화면을 보는 학생도, 허공에 대고 말하는 교사도 힘들 것입니다. 온라인 상황에서 학생들이 최대한 참여하는 방안을 찾아야 합니다. 학생참여형 수업이 가능하도록 학생들이 직접 하나라도 써보고 말하도록 하도록 해야 합니다.

셋째, 온라인-오프라인 연계 수업을 고민해야 합니다. 코로나19에 따라 계속해서 온라인-오프라인 등교 상황이 바뀌는 지금, 온라인과 오프라인이 별도로 수업이 이루어지는 것이 아니라 하나의 흐름으로 연결하는 것이 중요합니다. 온라인이나 가정에서 학습했을 때 더 효과적인 것과 오프라인에서 학습했을 때 더 효과적인 것은 무엇인지 생각해야 합니다. 예전에는 수업에서 컴퓨터를 이용하기 위해서는 무조건 컴퓨터실로 가는 번거로움이 있었다면 이제는 가정에서 온라인을 활용한 학습을 하기 훨씬 편해진 것이지요.

넷째, 에듀테크는 알면 알수록 좋습니다. 물론 에듀테크 사용 기술이 뛰어날수록 무조건 좋은 수업을 할 수 있는 것은 아닙니다. 하지만 교사가 오프라인 수업을 할 때 수업 놀이, 비주얼씽킹, 토의·토론, 교육 연극 등 다양한 교육 기법을 활용할수록 좋은 수업을 할 수 있는 가능성이 커지는 것처럼 온라인 수업도 마찬가지입니다. 새로운 것들을 접해보고 교사 자신과 우리 반 학생들에게 맞을지 생각해서 취사선택한다면 폭넓게 활용할 수 있습니다.

교육생태계의 변화

교육생태계에 관해서 이야기하고, 교육생태계의 변화와 발전에 관해 이야기할 때, CNPD 네 가지를 많이 이야기합니다. 바로 콘텐츠(Contents), 네트워크(Network), 플랫폼(Platform), 디바이스(Device)입니다.

첫 번째, 콘텐츠(Contents)입니다. 콘텐츠 자체와 콘텐츠를 만들어 내는 선생님에게 많은 변화가 있었습니다. 예전에는 교실에서 사용하는 콘텐츠는 수업 자료 PPT, 한글로 만든 학습지가 대부분이었습니다. 그런데 코로나19로 온라인 수업으로 변화하면서 가장 부상한 콘텐츠 중의 하나가 동영상입니다. 앞서 이야기했다시피 이제는 모든 선생님이 동영상을 만들 수 있는 그런 시대가 되었습니다. 그래서 콘텐츠 자체도 파워포인트(PPT)라든지 한글 콘텐츠 중심에서 영상 콘텐츠, 좀 더 나아가서는 AR/VR와 같은 실감형 콘텐츠로 많이 나아가고 있습니다. 이전까지는 일부 선생님들이 제작한 것을 사용하는 콘텐츠의 소비자 입장이었다면 이제는 콘텐츠를 생산하는 선생님이 많아졌습니다.

저는 유튜브를 교육에 활용하는 것을 긍정적으로 봅니다. 유튜브가 많은 생태계를 바꾸었다고 보는데 유튜브로 인해 누구나 콘텐츠 생산자이자 소비자인 프로슈머(Prosumer)가 될 수 있으며 콘텐츠의 생산을 자연스럽게 받아들일 수 있게 되었습니다. 코로나19 상황도 선생님들의 콘텐츠 생산자이자 소비자 역할을 더 강조하지 않았나 생각이 듭니다. 원격 수업을 위해 다양한 콘텐츠를 활용하여 PPT, 동영상 등 단일 사용 콘텐츠와 함께 다양한 멀티미디어 콘텐츠도 사용되고 있습니다.

두 번째, 네트워크(Network)입니다. 네트워크는 '허용'이라는 말로 정의가 됩니다. 예전의 학교는 네트워크가 모두 차단되어 있었습니다. 메신저, 사설 이메일, 클라우드, 각종 플랫폼에 들어가려고 하면 '접근이 허용되지 않습니다'라는 알림이 뜨며 모두 차단되었는데, 코로나19로 인해서 허용되었습니다. '허용'이 되어 선생님이 교수·학습에 필요한 것들을 조금 더 자유롭게 접근할 수 있게 되었습니다.

'허용'과 함께 네트워크에서 중요한 것이 인프라적인 측면입니다. 2010년 초반에 스마트 교육이 강조되며 제일 어려웠던 점 중의 하나가 네트워크 및 인프라가 충분히 갖춰져 있지 않다는 것이었습니다. 이제는 무선 인터넷이 설치된 학교가 많아지고, 많은 학생이 동시에 네트워크에 접속을 하더라도 끊김 없이 수업을 진행할 수 있게 되었습니다.

교육부에서도 전국 교실에 무선망을 설치하려고 하고 있습니다. 예전의 교실에 무선 인터넷망을 설치하려 해도 보안 문제 때문에 제거해야 했습니다. 10년 사이에, 특히 코로나19 때문에 전국 교실에 무선망을 설치하겠다는 것 자체가 많은 변화입니다.

세 번째, 플랫폼 측면입니다. 예전에는 교육 플랫폼이라고 하면 교실 공간을 의미했습니다. 이제는 교육 플랫폼이 오프라인 교실뿐만 아니라 온라인 교실까지 굉장히 확장되었습니다.

공공에서 제공하는 플랫폼뿐만 아니라 민간 플랫폼, 교수·학습 플랫폼을 비롯해 수많은 플랫폼을 활용하게 되었습니다. 예전부터 존재했지만 활용되지 않다가 코로나19로 인해 다양한 플랫폼들을 알게 되고 활용하게 된 경우도 많습니다. 앞으로도 더 다양한 플랫폼들이 만들어지고 교육 현장에서도 많은 플랫폼을 사용하게 될 것입니다.

4차 산업혁명의 가장 핵심은 오프라인 세계와 온라인 세계가 일치된 세상입니다. 코로나19로 인해서 교육도 이러한 혁명을 맞이하여 '온라인과 오프라인이 하나가 되는 교실'을 만들고 있습니다. 선생님들도 이 책을 통해 앞으로 오프라인과 온라인을 꾸준히 연계해서 수업을 할 수 있을지 알아보면 좋겠습니다.

네 번째, 디바이스입니다. 디바이스, 스마트기기에는 태블릿PC, 스마트폰 등이 있고 현재 많이 갖춰져 있습니다. 저는 연수를 할 때 '학생의 기기 먼저 알아보라'는 말을 제일 먼저 합니다. 그리고 더 중요한 것은 형제가 몇 명인지, 하나의 기기로 몇 명이 사용해야 하는지입니다. 네트워크도 중요하지만, 학생에게 디바이스가 충분히 갖춰져야 온라인 수업이 이루어질 수 있습니다.

디바이스에는 여러 종류가 있습니다. 스마트폰, 태블릿PC, 노트북, PC 등 다양한 디바이스가 있으며 디바이스마다 특성이 다릅니다. 노트북, PC는 스마트폰과 태블릿PC보다 생산성이 높습니다. 반면에 스마트폰, 태블릿PC는 휴대가 편리하다는 특징이 있습니다.

과거 교육 현장과 비교했을 때 현재 교실에는 많은 디바이스가 갖춰져 있습니다. 기본적으로 컴퓨터, TV가 있고 코로나19로 인한 원격 수업으로 태블릿PC, 웹캠, 마이크 등을 지원받은 교실도 있습니다. 앞으로 더 다양한 수업을 하기에 최적화된 교실이 만들어지고 있습니다.

교육생태계 측면에서 CNPD, 이 네 가지 측면이 충분히 고려되고, 충분히 갖춰져 있을 때 우리가 더 온앤오프 수업을 더 잘 할 수 있습니다.

지금까지 '앞당겨진 교육의 변화'에 대해서 알아봤습니다. 우리는 그동안 미래 교육을 이야기하거나 교육의 변화에 관해 이야기하면서 '이렇게 변해야 한다', '이런 모습이 되어야 한다', '이런 방향으로 가야 한다.' 이런 이야기는 굉장히 많이 했지만, 실제로는 변화하지 않았던 것 같습니다. 사회적 변화를 맞이해서 우리는 반강제적으로 스마트해졌고, 교육이 좀 더 솔직해졌고, 학교의 소중함을 알게 되었으며 배움 확장의 기회가 왔습니다. 콘텐츠, 네트워크, 플랫폼, 디바이스 측면에서 이러한 생태계를 어떻게 변화시킬 것인지, 그리고 이러한 교육생태계는 충분히 구비되어 있는지 함께 고민해보면 좋겠습니다.

❷
초연결 시대,
우리 아이들 이해

X세대, Y세대, Z세대

X세대, Y세대, Z세대, 한 번씩은 들어보셨을 것입니다. '서태지와 아이들'로 대표되는 세대를 X세대(70년대 출생), 그 이후 SNS와 인터넷, 온라인에 매우 익숙한 세대를 Y세대(80-90년대 출생), 스마트폰과 유튜브에 익숙한 세대를 Z세대(2000년 이후 출생)라고 합니다. 이중 Y세대는 밀레니얼 세대라고도 하는데 2000년을 뜻하는 '밀레니엄(millennium)'에서 파생된 단어입니다. 현재 학교에 근무하고 있는 20대, 30대 교사들이라고 보면 될 것 같습니다.

현재 초등학교에서 근무하는 교사 중 무려 48%(2017년도 교육기본통계)가 밀레니얼 세대라고 합니다. 초등교사들은 대부분 졸업 1~2년 사이에 임용이 되는 경우가 많아서 20대 비중이 높은 편입니다. 아마 이들이 향후 10~20년 교육혁신의 주체이자 학교문화를 이끌어가는 주인공이 될 것입니다. 특히 Y세대 밀레니얼 교사들은 현재 온라인 수업 상황에서 교육 혁신을 이끌어나가는 핵심축이라고 생각합니다. 현재 대한민

X세대
1970년대 출생

Y세대
1981년 -96년 출생
밀레니얼 세대

Z세대
2000년대 출생
알파 세대

국 초등학교에서는 X세대 부모님과 Y세대 교사가 Z세대 아이들을 가르치고 있다고 종종 이야기합니다.

지금의 Z세대 아이들을 하나의 문장으로 표현하자면 '소유에서 접속으로 변했다' 라고 말할 수 있습니다. 카세트테이프나 CD 플레이어, MP3 플레이어는 스마트폰 세대 이전에 주로 콘텐츠를 즐겼던 기기입니다. 이 기기들의 공통점은 콘텐츠를 하나하나가 소유해야지만 이용할 수 있었다는 점입니다. 지금은 스마트폰을 이용해서 스트리밍으로 음악을 듣거나 유튜브를 통해서 음악을 듣지만 과거 카세트테이프나 MP3, CD 플레이어를 사용했을 시절에는 각각의 콘텐츠를 구매해야 음악을 들을 수 있었습니다. 실제로 소유를 하지 않으면 음악을 듣기가 어려웠습니다.

게다가 이 기기들은 지금의 스마트폰과 다르게 필수품은 아니었습니다. 그렇기에 가정 형편이 조금 어려우면 구매하기가 어려웠습니다. 이로 인하여 음악을 듣거나 소비하는 데 있어서 제한 또한 존재했습니다. 그러나 지금의 우리나라를 살펴보면, 대부분의 가정에서 가족 구성원 모두가 다 스마트폰을 갖고 있습니다. 이제는 스마트폰을 통해서 소통하고, 콘텐츠를 나누며, 생활하기에 스마트폰은 필수품이 되어버렸습니다. 이처럼 모든 콘텐츠와 미디어의 접근이 소유에서 접속으로 바뀌었습니다.

한마디로 이제는 스트리밍의 시대가 되었습니다. 그리고 이러한 변화가 가져온 결과는 크게 긍정적인 면과 부정적인 면으로 구분할 수 있습니다. 우선 긍정적인 면으로는 '정보 격차'가 줄게 됩니다. 과거에는 도시와 시골의 정보 격차가 상당했습니다. 지금은 어디든 비슷한 콘텐츠를 보고 비슷한 게임을 하고 비슷한 영화를 관람하며, 비슷한 패션문화를 누리는 등 정보 격차가 많이 줄었습니다. 교육 분야도 마찬가지입니다. 가르치는 선생님의 차이와 가정 형편에 따른 하드웨어의 차이가 있을 뿐이지, 이제는 콘텐츠나 질의 차이가 크게 없습니다. 어차피 비슷한 유튜브 플랫폼을 통해 검색을 하고, 비슷한 플랫폼에서 정보를 접하기 때문입니다. 이처럼 긍정적인 면에서는 정보 격차와 문화 격차가 줄어든다는 장점이 존재합니다.

모든 사회변화에는 긍정적인 면도 있지만 물론 부정적인 면도 같이 생깁니다. 소유에서 접속으로, 연결의 시대가 된 만큼 부정적인 콘텐츠도 같이 늘어나고 연결도 쉬워졌습니다. 예전에는 음란물이나 엽기 영상 등이 문제였다면(물론 지금도 문제입니다) 지금은 가짜뉴스와 혐오콘텐츠가 새로운 문제로 떠오르기 시작했습니다. 하지만 단순히 이러한 콘텐츠를 무조건 차단하고 막고 못쓰게 하기에는 미디어와 콘텐츠가 너무 아이들의 삶과 많이 연결되어 있습니다. 그리고 강제로 막고 못하게 한다면 양지를 피해 음지로 나아갈 가능성도 커집니다. 그래서 지금은 조금 솔직하게 미디어를 보고 분석할 수 있는 '미디어 리터러시'가 중요합니다.

SNS와 OTT

SNS에 대한 이야기를 다뤄보겠습니다. 10년 전쯤에 폭발적인 인기를 끌었던 '트위터'부터 지금의 '틱톡'까지 SNS 미디어 플랫폼의 변화를 정리한 자료입니다. 트위터로 갈수록 사용량이 적어지며, 텍스트 중심 콘텐츠가 많다는 것을 확인할 수 있습니다. 트위터로 다가갈수록 대부분이 읽는 콘텐츠이고 소비 자체가 느리다는 것을 볼 수 있습니다. 반대로, 유튜브나 틱톡으로 갈수록 사용량이 상당히 많아집니다. 이들은 이미지나 영상 중심이며, 읽는 콘텐츠 보다는 보는 콘텐츠가 대부분입니다. 그리고 굉장

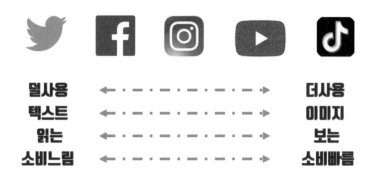

읽는 콘텐츠에서 보는 콘텐츠로

덜사용	← - - - - - - - →	더사용
텍스트	← - - - - - - - →	이미지
읽는	← - - - - - - - →	보는
소비느림	← - - - - - - - →	소비빠름

히 소비가 굉장히 빠릅니다. 어른들에게 이 자료를 보여주면 요즘 우리 아이들과 똑같다고 표현합니다. 요즘 아이들은 변해갑니다. 갈수록 우리 아이들은 읽고 쓰는 것을 어려워하고 집중력 또한 떨어집니다. 대신 감각적인 것을 좋아하고 무엇인가 빠르게 소비하기 좋아합니다. 그렇기에 기존의 전통적인 방법으로 공부를 하면 위 아이들은 굉장히 힘들어합니다. 여기서 교사들과 학생들 간의 간격이 차이가 발생합니다.

10년 전 학생들 기준으로 모둠별로 발표 수업을 시켜보는 상황을 가정해 봅시다. 모둠원이 총 4명이라고 했을 때, 한 명은 파워포인트를 굉장히 잘 다뤘고, 나머지 친구들은 타자나 키보드를 굉장히 잘 다루었습니다. 그래서 발표 자료를 죽이 되든 밥이 되든 만들어 왔습니다. 그러나 요즘 학생들에게 같은 과제를 부여하면, 오히려 지금의 학생들이 스마트폰이나 디지털 기기에 더 일찍 노출된 디지털 네이티브 세대임에도 불구하고 10년 전 친구들에 비하면 잘 하지 못합니다. 어른들 입장에서는 왜 요즘 학생들이 더 못하는지에 대해 의문을 품을 수 있습니다. 하지만 이 학생들은 파워포인트는 잘 다루지 못하더라도 '영상'으로 만들어 발표하라고 하면 정말 잘 해냅니다. 십 년 전의 학생들은 영상을 만드는 방법조차 몰랐습니다. 이처럼 우리의 시선이 이전의 과거에 놓여 있으면 지금 새로운 아이들의 가능성을 발견하기 매우 어렵습니다.

OTT는 Over-The-Top의 준말이고 대표적인 예로 '넷플릭스'가 있습니다. 시청자가

지상파에서 틀어주는 방송을 기다렸다가 시청하는 것이 아니라 직접 선택하여 시청할 수 있다는 것이 특징입니다.

이 서비스의 핵심은 '선택'입니다. 예전에는 가족과 함께 지상파 3사의 방송을 시청할 때, 7시 방송이면 6시 50분부터 가족끼리 둘러앉아 있었습니다. 채널의 선택권은 아버지가 가지고 있는 경우가 많았고 아버지가 채널을 계속 돌리면 어머니가 그만하라고 말씀하시기도 했습니다. 그렇게 가족이 함께 TV나 광고를 보면서 밥을 먹었습니다. 그런데 지금은 아버지는 거실에서 TV를 보고, 어머니는 방에서 다른 방송을 보고 자녀들은 각자 방에 가서 넷플릭스나 유튜브를 시청합니다. 시대가 변함에 따라 콘텐츠를 소비하는 모습도 달라진 것입니다. 이런 변화를 '선택'이라는 단어에 초점을 맞춰 설명할 수 있습니다.

예전에는 학생들이 교실에 앉아 교과서를 놓고, 선생님이 일방적으로 보여주는 것을 40분 동안 본 후 10분 쉬고 다시 40분 수업하는 것을 반복했습니다. 비교하자면 기존의 수업 방법은 지상파 TV에서 방송을 보여주는 모습과 유사합니다. 지상파에는 편성표가, 수업에는 시간표가 있고, 앉아서 기다리는 모습과 일방적으로 소비하는 모습이 비슷합니다. 하지만 방송을 소비하는 모습이 달라지듯 교육의 모습도 달라집니다. 2025년부터 전면적으로 도입되는 '고교학점제' 같은 정책이 학생의 선택권 강화와 개별화 측면에서 변화된 모습을 반영합니다.

이러한 변화는 학생의 주도성 측면에서 긍정적으로 해석되는데, 모순적이게도 자기 주도성이 강한 학생들이 학교에서의 적응을 어려워하기 때문입니다. 자기 주도성이 강한 학생들은 자신의 개별적 특성에 맞춰 언제 무엇을 하고 싶은지에 대한 선택 욕구가 높은 반면에 학교에서는 의무적으로 해야 할 것들이 정해져 있습니다. 이러한 측면에서 온라인 수업 상황은 자기 주도성이 높은 학생들이 자신의 강점을 드러낼 좋은 기회가 될 수 있습니다.

이 외에 OTT의 주요한 특성 중 하나는 '다양성'입니다. 예전에는 드라마를 하는 시간, 예능을 하는 시간, 뉴스를 하는 시간이 모두 정해져 있었습니다. 하지만 OTT 세대를 맞이하며 많은 것들이 다양해졌습니다. 콘텐츠 수와 종류만 많아졌을 뿐만 아니라 심지어 한 콘텐츠 내의 결말이 다양해진 경우도 있습니다. 예전의 드라마를 생각해보면 시청자 게시판에 '누구 죽이지 마세요. 이렇게 해주세요' 같은 의견을 게시해도 의견이 반영되어 드라마의 결말이 바뀌는 경우는 드물었습니다.

하지만 최근의 넷플릭스 영화 중에는 시청자가 이야기가 진행되는 중에 과정을 선택해가며 시청할 수 있는 영화들이 있습니다. 다양한 갈래의 결말이 있고 시청자의 선택에 따라 영화의 진행 방향이 달라지는 시스템입니다.

콘텐츠가 다양화됨에 따라 아이들이 시청하는 내용도 달라졌습니다. 대표적인 예로 게임 방송이 있습니다. 대부분의 부모님이 게임 방송을 시청하는 아이를 보고 "차라리 네가 게임을 해라. 왜 남이 게임 하는 것을 보고있냐" 하면서 답답하다는 이야기를 하시기도 합니다. 하지만 아이들이 축구 경기를 본다고 해서 "너는 왜 남이 축구 하는 것을 넋 놓고 보고 있냐. 네가 나가서 축구를 해라"라고 이야기할 부모님은 많지 않습니다. 이러한 측면에서 게임 방송도 축구 경기처럼 그것 자체가 하나의 콘텐츠고, 엔터테인먼트의 한 측면이 되었다고 생각해야 합니다. 그만큼 다양성이 늘어났다는 증거입니다.

초연결 시대에서는 교육의 방향은 3가지라고 생각합니다. 바로 '쌍방향', '접근성', '다양성' 이 3가지 거대한 흐름에서 우리 수업의 모습은 어떻게 변해야 할지 구체적으로 생각해보면 좋겠습니다.

❸ 온앤오프 연계수업이란?

교단선진화와 ICT 그리고 교사

90년대 후반에 이제 컴퓨터가 들어오고, 교실에 이제 ICT 장비들이 채워지기 시작했습니다. 본격적으로 ICT 교육(Information and Communication Technology)도 도입되었습니다. 대표적으로 'E-러닝'이나 'U-러닝', 사이버 가정학습 등, 교단선진화가 물리적인 하드웨어적인 측면이 강했다면, ICT 교육부터는 교사들이 ICT를 하는 것뿐만 아니라, ICT를 활용하는 것도 많이 늘게 되었습니다.

2010년도부터 스마트폰이 대중화되고, 개인별 1 디바이스라는 개념이 생기기 시작하면서 스마트 교육이 등장했습니다. 개인적으로는 당시 처음으로 아이들이 개별 디바이스를 갖고 있으면 이런 것도 할 수 있구나, 라는 것을 많이 느꼈습니다. 전 2013년부터 교실 라이브 방송을 했는데, 지금이야 줌(Zoom)이라든가 유튜브라든가 해서 실시간 쌍방향 수업을 하지만, 그때는 익숙하지 않았습니다. 특히 학예회나 학교 행사를할 때 못 오시는 학부모님에게 방송 링크를 보내드리면 실시간으로 볼 수 있어서 굉장히 좋아하셨던 기억이 납니다.

　그리고 SNS가 발달하면서 교사 모임도 활발해졌습니다. 뜻이 맞는 교사끼리 교사 모임을 만들거나, 온라인상에서 팀을 결성했습니다. 제가 운영하고 있는 '참쌤스쿨'이 가장 대표적일 것 같습니다. SNS의 발달과 온라인 플랫폼의 발달로 기존의 교사 모임과는 다른 단체들이 생겼고 그에 따른 새로운 콘텐츠와 교수·학습 방법이 계속 나오기 시작했습니다. 플립 러닝, 거꾸로교실, 소프트웨어 교육, 그리고 AI 교육 등 블렌디드 러닝, 온앤오프 수업까지도 오게 되었습니다.

　혹자는 교사들이 유행을 따라간다, 잠깐 반짝하고 만다고 이야기를 하지만 반대로 세상 변화에 맞추어 변해가는 아이들에게 적극적으로 다가갈 수 있는 교사의 노력이라고 생각합니다. 누군가 저에게 미래 교사의 중요한 역량을 물어보면 '전문성을 바탕으로 한 유연성'이 가장 중요한 역량이라고 합니다. 이렇게 빨리 변하는 세상에서 보수적이고 폐쇄적으로 생각하기보다는 조금 적극적으로 움직이면 좋겠습니다. 어차피 올 변화라면 끌려가는 것보단 먼저 가서 서 있는 게 낫기 때문입니다.

온앤오프 연계수업

　코로나19 이후 수업의 모습은 둘 중에 하나였습니다. 온라인 수업 또는 오프라인 수업. 온라인 수업은 아이들이 학교에 못 오기에 온라인으로 수업을 어떻게 할 것인가, 콘텐츠를 제공할 것인가 과제를 제시할 것인가, 실시간 쌍방향을 할 건가에 대해 고민했던 것이 온라인 수업이었습니다. 동시에 언젠간 이 상황이 끝나 아이들이 학교에 나오면 이때는 기존과 똑같이 해오던 오프라인 수업을 진행하겠다며, 수업의 방식을 두 개로만 나누어 생각했는데 이제는 그렇게만 구분할 수는 없을 것 같습니다.

　상황이 갑자기 악화되기도 하고, 완화되기도 함에 따라 주 4일 등교, 1일 등교가 반복되며 코로나 상황이 종잡을 수 없게 너무나 유연하게 변동되어 왔습니다. 그러다보니, 이제는 온라인 수업과 오프라인 수업을 서로 구분지어 접근하기보다는 두 개를 연계해서 함께 진행하자는 생각이 '블렌디드 러닝'이라는 이름으로, 온앤오프 연계수업이라는 개념이 생겨났습니다.

'블렌디드 러닝'을 한 문장으로 표현하자면, 온라인과 오프라인을 혼합한 학습이라 설명할 수 있습니다. 그 과정에서 우리는 학생들의 학습효과를 극대화하기도 하고, 여러 가지 학습 방법을 사용하게 됩니다.

개인적으로 온앤오프 수업의 핵심은 '탈 교실'이라고 생각합니다. 우리는 교실이라는 공간 안에서만 배움이 일어난다고 믿었습니다. 물론, 지금도 교실 안에서도 배움이 일어나지만 교실이라는 공간뿐만 아니라 가정에서도, 마을에서도, 온라인 공간에서도, 오프라인 공간에서도 아이들은 모두 배움을 경험합니다. 그렇기에 이제는 교실에서 벗어나서 이런 다양한 공간에서 아이들이 어떻게 배울 수 있을지에 대해 고민하는 것이 중요합니다.

온라인 수업과 오프라인 수업 모두 각각의 장점이 존재합니다. 우선 온라인 수업의 장점은 시공간을 초월한다는 점이 가장 크다고 볼 수 있습니다. 시공간을 초월하기에 학생들은 어디에서든 수업에 참여할 수 있으며, 자신의 시간 패턴에 맞춰 참여할 수 있습니다. 즉, 자기주도적으로 학습에 참여하게 되는 것입니다. 이처럼 온라인 공간에서 수업을 진행한다면, 교실에 있는 자원뿐만 아니라 마을이나 가정, 온라인에서 자원도 갖고 올 수 있다는 장점이 있습니다.

오프라인 수업의 장점으로는 '상호작용'이 핵심이라 할 수 있습니다. 선생님은 즉각적으로 학생들에게 피드백을 해 줄 수 있습니다. 물론 온라인상에서도 상호작용이 이루어지지만, 보다 더 효율적이고 적극적인 상호작용은 오프라인에서 이루어지게 됩니다.

따라서 온앤오프 수업의 핵심은 각각의 장점만을 모아 둔 것입니다. 이 말은 동시에 서로의 단점을 보완한다는 뜻도 포함합니다. 그렇기에 온앤오프 수업에서는 서로의 단점을 보완하면서도 어떻게 이 둘을 긍정적으로 연계하여 사용할 수 있을지 고민해보아야 합니다. 예시로, 유튜브를 수업에 활용한다고 했을 때, 유튜브의 순기능은 가져오면서, 부정적으로 있을 수 있는 유튜브 중독 문제나 선정적인 콘텐츠, 부정적인 콘텐츠를 어떻게 줄일 것인가에 알아보아야 합니다.

실제로 온앤오프 수업이 어떻게 진행되는지 알아보기 전에, 결론부터 설명하자면 온앤오프 수업은 성취기준과 교육과정 중심으로, 학습목표를 핵심으로 해서 재구성해야 합니다. 흔히 '찢는다'고도 표현하죠. 실제 온앤오프 수업 사례로 실과 교과의 의생활 수업 사례를 많이 제시합니다. 주로 의생활 수업으로 패션쇼 수업을 많이 진행하는데, 오프라인 수업으로 진행할 경우 교실에서 옷을 입고, 패션쇼를 진행하고자 하면 아이들이 학교로 옷을 잘 챙겨오지 않는 경우가 많습니다. 안 가져오는 친구도 있는가 하면, 가져왔는데도 한두 개 정도 빼먹고 챙겨오지 못하는 친구들도 있었습니다. 이럴 경우에 수업에 온전히 참여하지 못하기에 모두가 옷을 입고 투표를 하고, 피드백을 주고받는 상황을 기대하기는 조금 어려웠습니다. 하지만 반대로 온라인 수업의 경우, 가정에서 옷을 입고 만나서 온라인에서 패션쇼를 진행하기에 큰 문제없이 진행할 수 있습니다. 아이들이 모두 옷을 입고 오니 서로의 의상에 대한 피드백을 모두 주고받을 수도 있고, 투표도 할 수 있는 것이죠. 온라인에서 의상을 입고, 피드백을 주고받은 뒤 투표 결과를 산정했다면, 그중 몇몇 학생에게 오프라인 수업에서도 동일한 의상을 입고 오라고 하여 오프라인 수업과 연계도 할 수 있습니다. 가장 좋은 피드백을 받은 학생이나 랜덤으로 선정된 일부 아이들, 예를 들어 1등과 16등, 28등 아이에게 오프라인에서도 옷을 입고 오도록 한 뒤 오프라인에서 다시 패션쇼를 할 수도 있습니다. 이때는 실물로 옷을 관찰함과 동시에 옷에 대해서 조금 더 구체적으로 설명하고 발표하며 수업을 진행할 수 있습니다.

어떤 주제에 대해 교과서 진도대로만 나갔던 수업이 아닌, 성취기준을 토대로 재구성한 수업을 온라인과 오프라인에서 동시에, 각각의 특성을 잘 고려해 진행하는 것이 온앤오프 수업의 유연성이라고 할 수 있습니다. 이때 온앤오프 수업의 가능성은 선생님이 얼마나 유연하게 수업 내용을 적용할 수 있는가가 핵심이 됩니다.

미래 교육은?

마지막으로 아래 문구를 같이 읽어보겠습니다.

교과서 중심, 강의 위주의 학습지도 활동을 지양하고 일상생활에서 당면하는 중요
문제를 해결하는 연구적 학습 활동을 계획하고 실천하는 방향으로 나가도록 한다.
예능 시간을 현명하게 활용하여 예술적 흥미를 발견하고 창의적 표현 능력을 기를
수 있는 학습 활동의 기회를 마련한다.

최근에 만들어진 문구인 것 같지만 이 문구는 무려 2차 교육과정, 1963년도 고등학
교 교육과정 구성의 일반 목표입니다. 사실 우리가 미래 교육이라고 이야기하는 요소
대부분은 10년 전 혁신교육 태동기 혹은 그 이전부터 이야기하던 것들입니다. 이제는
미래 교육이 무엇이냐는 논의를 넘어 어떻게 구현시킬 수 있을지 이야기하면 좋겠습
니다.

이미 우리는 미래 교육의 모습을 잘 알고 있습니다. 하지만 지금까지 구호나 이상에
그쳤을 뿐 미래 교육을 실천하려는 구체적인 노력이 부족했습니다. 이제는 우리 모두
미래 교육 실천을 위해 한걸음씩 나아가면 좋겠습니다. 이 책이 선생님의 교실에서 성
공적인 미래 교육 실천을 도와줄 것입니다.

PART 2

도움닫기
- 온기 세팅 -

❶ 온앤오프 수업
준비하기

특징

- 온앤오프 협업 도구는 컴퓨터와 스마트기기에서 모두 활용이 가능합니다.
- 협업 도구로 제시하는 사이트들을 사용하기 위해서 반드시 회원가입이 필요합니다.
- 학생들이 활용할 수 있게끔 링크를 공유하는 경우에는 학생들은 게스트로 접속하게 되므로 별도의 회원가입이 필요하지 않습니다. 만일 학생들이 회원가입 뒤 로그인하여 사용한다면 작성자와 편집자를 파악하기 수월해집니다.

수업 활용을 위한 유의사항

- 온앤오프 수업을 위해 선생님과 학생들이 갖춰야 할 것들을 이해해야 합니다.
- 온앤오프 수업을 위해 필요한 도구들에 대한 기본적인 개념과 활용 방법을 이해하는 것이 필요합니다.
- 학습내용과 학생들의 특성을 고려하여 수업에서 적용할 온앤오프 수업 도구를 적극적으로 연구해야 합니다.

ON 1. 수업 전 준비하기

선생님들에게 필요한 것들

온앤오프 수업을 하다 보면 어디로 튈지 모르는 학생들과 때때로 오작동하는 기계와 인터넷 상황으로 예상치 못한 일들이 벌어지곤 합니다. 따라서 차근차근 준비를 하고 점검해야 합니다.

첫 번째로 교실 인프라를 확인해야 합니다. 인프라가 구성되지 않는다면 온앤오프 수업이 불가능합니다. 대표적으로 무선 AP*가 설치되어 있어야 합니다. 무선 AP를 통한 와이파이 사용으로 패들렛, 마인드마이스터 등 앞으로 알아볼 도구들을 이용하여 학생들과 함께 다양하고 재미있는 온앤오프 수업 활동을 할 수 있습니다. 무선 AP 관리와 관련하여 교육부 지침 및 각 시도교육청에서 세부 지침을 마련했으니 반드시 확인하고 사용하는 것을 권장합니다.

두 번째로는 온앤오프 수업 시 사용하는 기기들과 연결 장치에 대한 이해가 필요합니다. 온라인 수업에서 사용하는 웹캠의 경우 다양한 해상도의 제품이 있습니다. 해상도에 대한 이해 없이 저렴한 것으로 구입한다면 낭패를 볼 수 있습니다.

우선 해상도의 의미를 알아야 합니다. 해상도란 화면을 이루는 면이 몇 개의 픽셀로 이루어졌는지를 나타내는 것으로 통상적으로 가로 픽셀**×세로 픽셀로 표현합니다. 유튜브에서 설정 버튼(좌측하단 톱니바퀴)에서 '화질' 메뉴 부분을 보면 쉽게 이해할 수 있습니다. 대표적으로 많이 사용하는 해상도는 480*360, 1280*720(HD), 1920*1080(FHD), 3840*2048(UHD, 4K)로 표현됩니다. 편의상 해상도 규격을 줄여서 세로 픽셀만으로 표기하기도 합니다.

다음과 같이 해상도에 따른 화질 비교를 위해 캡쳐했으나 참고 사진보다는 직접 유

---

*　Access Point, 데이터를 전송하는 접속 장치

**　Pixel, 화면에 표현하는 이미지를 구성하는 최소 단위의 점

144p일 때의 화면

360p일 때의 화면

720p일 때의 화면

1080p일 때의 화면

튜브에서 화질을 조절하며 차이를 느껴보는 것이 좋습니다.

따라서 웹캠을 구입할 때 고려할 사항이 많지만 무난한 것을 구입한다면, 해상도 1080p를 지원하는 것들 중 마이크 기능이 내장된 것들을 우선적으로 찾아보고 가격과 후기를 비교하여 구입하는 것을 추천합니다.

그다음으로 알아두면 좋은 것이 바로 이어폰입니다. 온라인 수업을 위해 이어폰이나 헤드셋을 구입하는 경우를 종종 볼 수 있는데, 굳이 구입하지 않더라도 가성비가 훌륭한 제품을 우리는 가지고 있습니다. 바로 휴대폰을 구입할 때 동봉되어 있는 번들 이어폰입니다. 번들 이어폰은 통화를 목적으로 제작되었기 때문에 시중에 저렴하게 판매하는 이어폰보다 성능이 상대적으로 우수합니다. 따라서 온라인 수업을 위해 이어폰을 사용한다면, 별도의 헤드셋이나 이어폰을 구입하는 것보다는 번들 이어폰을 사용하는 것을 추천합니다.

이어폰은 보통 3극 이어폰과 4극 이어폰이 있는데, 3극 이어폰은 (좌)-(우)-(접지) 3 개의 극으로 구성되어 있고 4극 이어폰은 (좌)-(우)-(마이크)-(접지)와 같이 4개의 극 으로 구성되어 있습니다. 즉, 3극과 4극의 차이는 마이크의 유무입니다. 따라서 번들 이 어폰은 4극 이어폰이며, 마이크가 없이 듣는 것만 가능한 이어폰은 3극 이어폰입니다.

3극 이어폰

4극 이어폰

학교 데스크탑은 마이크 입력 단자와 스피커 출력 단자 2개로 구성되어 있는데 우 리가 사용하려는 번들 이어폰은 꽂는 부분이 1개입니다. 이런 상황에서는 결국 마이 크를 쓰지 못하는 경우가 발생합니다. 또는 마이크 단자와 스피커 단자 두 개로 나뉘 어 있는 헤드셋이 있는데 꽂는 부분이 1개인 노트북인 경우에도 쓰지 못해 당혹스러 운 경우가 종종 발생할 수 있습니다.

데스크탑

노트북

이렇게 난감한 경우를 해결할 수 있는 도구가 있는데 바로 'Y젠더'입니다. 마이크와 이어폰 단자 두 개로 나뉜 케이블을 하나의 4극 케이블로 만들어주거나, 마이크와 이어폰이 통합된 4극 케이블을 마이크와 이어폰 두 갈래의 단자로 나누어주는 역할을 합니다. 두 개의 생김새가 다르니 사용하는 컴퓨터의 음향 구성과 이어폰 또는 헤드셋을 확인한 뒤 구입해서 사용해야 합니다.

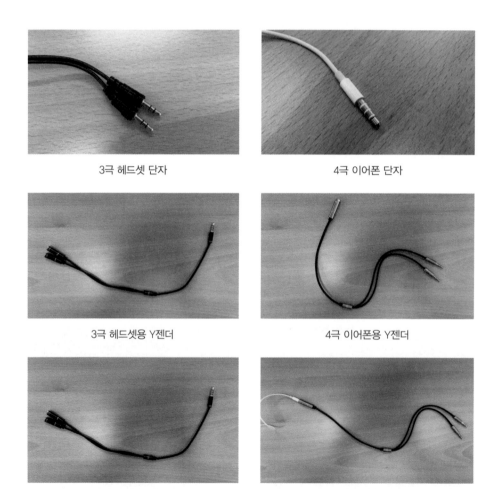

3극 헤드셋 단자   4극 이어폰 단자

3극 헤드셋용 Y젠더   4극 이어폰용 Y젠더

3극 헤드셋 Y젠더 결합   4극 이어폰과 Y젠더 결합

세 번째로 마음가짐입니다. 온앤오프 수업을 위한 마음가짐으로 크게 3가지가 있습니다. 바로 개방성, 유연성, 적응력입니다. 이 3가지는 개별적이기보다는 서로 유기적인 관계에 있습니다. 개방성이란 새로운 것을 적용하고 도전하는 마음자세로, 새로운 수업 도구와 방법이 있다면 적극적으로 배우려고 하고 학생들의 학습에 도움이 될 것이라는 판단이 있다면 우선 시도해보는 것입니다. 유연성은 말 그대로 유연한 사고와 태도를 의미합니다. 코로나19로 인해 우리가 당연하게 생각했던 것들 그리고 당연하게 했던 것들이 급변했습니다. 이러한 혼란 속에서 상황과 여건에 맞추어 유연한 사고와 태도로 대처하는 능력이 필요합니다. 마지막으로 적응력은 사회 변화, 학생 변화에 적응하는 것으로 변화의 흐름에 기민하게 대처할 필요가 있습니다. 과거의 관점에서 교육을 바라보고 학생들을 바라보며 교육을 한다면 향후 교육의 변화, 학생들의 변화의 흐름에 적응하기 어려워질 수 있습니다. 따라서 이 3가지를 생각하고 온앤오프 수업을 그려 나가면 좋겠습니다.

학생들에게 필요한 것들

지금부터 설명할 내용은 학생들에게 필요한 것이지만, 학생들이 스스로 갖추기보다는 선생님의 도움이 필요한 것입니다. 온라인 수업을 하면서 많이 느끼셨겠지만, 학생들은 스마트폰으로 게임과 유튜브만 사용할 줄 알고 그 외의 앱이나 스마트폰을 활용하는 능력이 부족합니다.

온라인 수업을 할 때 있었던 에피소드입니다. e학습터 접속을 위해 학생들에게 "인터넷에 들어가보자"라고 했는데, 학생들에게서 돌아온 답변은 "인터넷이 뭐에요?"였습니다. 네이버 앱이나 크롬 앱 등 브라우저 앱은 알고 있으나 정작 인터넷의 뜻을 모르고 있었던 것입니다. 학생들이 스마트기기에 대한 기본 지식이 부족하여 하나부터 차근차근 알려주신 경험이 있을 것입니다. 따라서 원활한 온앤오프 수업을 위해서는 학생들에게 스마트폰을 비롯한 스마트기기를 활용하는 기초적인 방법 즉, 기본 소양

교육이 필요합니다.

　마지막으로 학생들의 '자기주도성'을 향상시켜 줄 수 있는 활동이 필요합니다. 온앤오프 수업을 진행하다 보면 다 같이 학습하는 경우가 많겠지만, 종종 학생들이 스스로 개인 학습을 하는 경우가 생길 수 있습니다. 따라서 학생들이 스마트기기 사용 시간을 정해서 사용하고 또 정해진 시각에 스스로 학습할 수 있도록 하는 자기주도적인 자세가 필요합니다. 이 부분은 선생님 혼자 할 수 있는 일은 아닙니다. 가능하다면 가정과 연계하여 주변에 사소한 것들부터 습관화할 수 있도록 지도하여야 합니다.

ON　2. 온앤오프 수업 도구

협업용 수업 도구

　협업용 수업 도구에는 다양한 것들이 많이 있지만, 뒤에서 구체적으로 다룰 예정이니 대표적인 것들과 특징에 대해 살펴보겠습니다.

　패들렛(https://padlet.com/)은 온앤오프 수업에서 가장 많이 알려진 사이트입니다. 포스트잇을 칠판이나 교실 벽에 붙여 사용하듯이 온라인상에서 학생들과 협업할 수 있

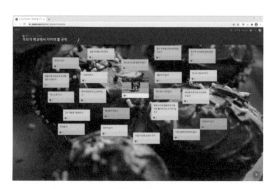

패들렛 화면

는 도구로 사진, 파일, 링크, 그리기 등을 삽입할 수 있습니다. 무료 이용자는 5개까지 생성하여 사용할 수 있습니다. 학생들의 과제를 수합하거나 학습자료 공유, 의견 붙이기 등 목적에 맞는 테마를 선택하여 사용할 수 있습니다.

마인드마이스터(https://www.mindmeister.com/)는 마인드맵을 만들 수 있는 도구로, 학생들이 동시에 개념들을 요목화, 구조화하는 데 특화되어 있습니다. 학생 개인 소개 자료를 만들거나 또는 교과별 단원 내용 정리를 마인드마이스터를 활용하여 구조화할 수 있어 학습에도 효과적으로 활용할 수 있습니다.

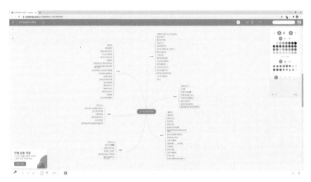

마인드마이스터 화면

구글 프레젠테이션(https://docs.google.com/presentation/), 스프레드시트(https://docs.google.com/spreadsheets/)는 공유된 링크를 통해 학생들이 동시에 협업할 수 있는 툴입니다. 구

구글 프레젠테이션 화면

글 프레젠테이션은 구글에서 제공하는 웹 기반 프로그램으로 우리가 자주 사용하는 파워포인트, 한쇼를 인터넷으로 옮겨놓은 것이라고 생각하면 이해가 쉽습니다. 구글 프레젠테이션을 활용하여 학생들이 발표 자료를 직접 만들어볼 수 있습니다. 그리고 댓글달기 기능이 있어서 선생님들이 피드백이 가능하여 상호작용이 수월하다는 장점이 있습니다.

구글 스프레드시트는 엑셀을 그대로 인터넷에 옮겨놓은 것으로 보면 됩니다. 그래서 기능 또한, 엑셀과 유사한 것이 많습니다. 구글 스프레드시트를 활용하여 실과 교과에 가상 용돈 기입장을 써보는 것을 추천합니다.

구글 스프레드시트 화면

구글 설문지(https://docs.google.com/forms/)는 설문지를 직접 만들 수 있는 사이트로써, 구글 스프레드시트와 연동할 수 있어 설문조사 결과를 곧바로 수치화할 수 있습니다.

구글 설문지를 활용하여 간단한 설문조사나 학생들이 자기평가, 동료평가 설문지를 제작할 수 있습니다.

비협업용 수업 도구

구글 아트앤컬쳐는 우리가 쉽게 접할 수 없는 미술 작품들을 쉽게 볼 수 있게 해줍니다. 직접 방문하기 어려운 미술관을 관람한다든지, 증강현실 기능을 활용하여 미술 작품을 교실로 불러온다든지, 명화로 퍼즐 놀이를 하거나 내 얼굴과 닮은 초상화를 찾아주는 등 다양한 기능을 제공합니다. 구글 아트앤컬쳐는 스마트폰 앱으로 접속할 수도 있고 컴퓨터 구글 크롬으로도 활용할 수 있습니다.

미리캔버스(https://www.miricanvas.com/)는 카드 뉴스, 프레젠테이션, 유튜브 썸네일 등 제작하기 어려웠던 디자인에 대한 고민을 단번에 해결해줄 수 있는 사이트입니다. 미리캔버스로 제작한 프레젠테이션을 구글 프레젠테이션에 삽입하여 더 깔끔한 디자인으로 제작할 수도 있고 국어 교과와 연계하여 광고 만들기, 캠페인 문구 제작하기 등으로 활용할 수 있습니다.

학생들이 영상을 촬영하고 편집하는 데 사용할 수 있는 앱들도 다양하게 있습니다. 대표적으로 VLLO, KINEMATER, VITA 등이 있는데 뒤에서는 VITA 앱을 활용한 영상 편집 방법에 대해 알아보겠습니다. 기본 사용 방법은 대부분 비슷하니 이번에 VITA로 편집 방법을 익혀보고 이후에 자신에게 맞는 영상 편집 앱을 배워보시는 것을 추천합니다.

❷ 온앤오프 수업
설계하기

특징

- 온라인과 오프라인 수업이 함께 이루어지는 특수한 상황이기 때문에 사전 수업 설계의 중요성이 더욱 강조됩니다.
- 온라인 수업과 대면 수업 요소가 각각 분리된 것이 아닌 유기적 연결이 필요합니다.

수업 활용을 위한 유의사항

- 교과 시수를 확보하는 범위 안에서 온라인과 오프라인 수업이 연계될 수 있도록 시간 표의 재구성이 필요합니다.
- 먼저 차시를 살펴보고 온라인과 오프라인 수업에 적합한 주제와 활동을 찾아 재구성 합니다.
- 대면 수업과 온라인 수업에서 하기 좋은 활동이나 차시를 찾아 단원 내 차시의 시수 및 순서를 조정합니다.
- 여러 과목의 차시 및 활동을 하나의 주제로 융합하여 과목 간 재구성도 가능합니다.

'천 리 길도 한 걸음부터'라는 속담이 있습니다. 수업을 준비하는 데도 첫 걸음이 중요합니다. 평소에 수업을 준비할 때 단원에 어떤 내용이 있고 재구성은 어떻게 할 수 있는지, 또 평가는 어떻게 할지 사전에 고민하며 수업 설계부터 합니다. 온앤오프 수업에서는 온라인과 오프라인 수업이 함께 이루어지는 특수한 상황이기 때문에 사전에 충분히 수업과 활동을 구성하고 계획하는 수업 설계가 평소보다 더욱 강조된다고 할 수 있습니다. 그렇다면 온앤오프 수업 설계의 특징에는 어떤 것들이 있을까요?

첫째, 온라인 수업과 오프라인 수업이 서로 유기적으로 연결됩니다. 블렌디드 러닝이라는 학습 방법을 들어보셨을 겁니다. 블렌디드 러닝이란 말 그대로 혼합이 된 학습이라는 뜻으로, 두 가지 이상의 학습 방법을 결합하여 이루어지는 수업을 말합니다. 즉 대면 수업과 온라인 수업이 칵테일처럼 섞인 수업 형태를 말합니다.

등교 수업과 온라인 수업이 병행된다고 하면 등교 수업에서 하는 과목 따로, 온라인에서 하는 과목이나 활동 따로처럼 각각을 분리하여 생각하는 경우가 많습니다. 하지만 블렌디드 러닝은 온라인 수업과 대면 수업의 요소가 각각 분리된 것이 아니라 서로 유기적으로 연결됩니다. 예를 들면, 한 대단원이나 주제 안에서 대면 수업에 적합한 차시나 활동과 온라인 수업에서 적합한 차시 혹은 활동을 찾아서 두 수업이 하나의 배움으로 연결될 수 있도록 하는 것입니다.

둘째, 수업을 설계하는 사람에 따라 서로 다른 수업 형태가 만들어집니다. 학교마다 온라인 수업과 오프라인 수업을 운영하는 방법은 다릅니다. 오롯이 실시간 쌍방향 수업을 진행하는 학교도 있을 것이고, 콘텐츠나 과제를 제시하는 학교도 있을 것입니다. 온앤오프 수업에서 교육과정의 재구성은 필수입니다. 수업을 어떻게 재구성하느냐에 따라 수업의 형태나 방법이 달라질 것입니다.

앞서 블렌디드 수업을 칵테일에 비유했습니다. 칵테일을 만드는 사람에 따라서 레시피가 다르듯이 블렌디드 수업도 마찬가지입니다. 온라인과 오프라인 수업을 함께한다는 기본 레시피에 다양한 수업 방법을 추가하여 선생님마다 서로 다른 수업 형태가 만들어질 수 있습니다.

ON 2. 온앤오프 수업과 재구성

온라인 수업과 오프라인 수업을 병행하기 위해서는 교과와 수업에서 재구성이 필요합니다. 바로 이 수업의 재구성이 온앤오프 수업 설계의 핵심 포인트라고 할 수 있습니다. 온앤오프 수업을 위한 재구성 방법에 대해 알아보겠습니다.

온앤오프 수업에 알맞은 주제와 활동 찾기

수업을 재구성하기 위해서는 각 과목의 학습내용과 활동을 미리 파악해야 합니다. 등교 수업과 온라인 수업은 각 수업의 성격에 맞는 주제가 있습니다. 단원을 쭉 살펴보면 차시 주제마다 어떤 주제는 등교 수업에 적합한 것이 있고 어떤 주제는 온라인 수업으로도 가능한 것이 있습니다. 온앤오프 수업을 설계하기 위해서는 학습 주제들을 미리 살펴보고 온라인과 오프라인 수업으로 구분하는 것부터 이루어져야 합니다. 각 수업에 알맞은 주제와 활동을 찾는 방법을 알아보겠습니다.

첫째, 온-오프 활동에 적합한 차시를 구분하고 시수를 조정합니다. 아이스크림s와 같은 교수 · 학습 지원 사이트에서는 다음의 '학습 목차 예시'와 같이 단원별 학습 내용을 한눈에 볼 수 있습니다. 세계 지리 단원을 수업하기 위해 학습 목차를 살펴보았을 때 두 차시로 잡혀 있는 '세계 여러 나라의 면적과 모양 살펴보기'는 대면 수업 때 한 차시로 시수를 줄여 수업을 할 수 있습니다. 8차시인 '여러 지도를 활용해 세계 여러 나라를 소개'하는 차시의 경우 온라인 수업에서 직접 조사해보고 발표도 할 수 있

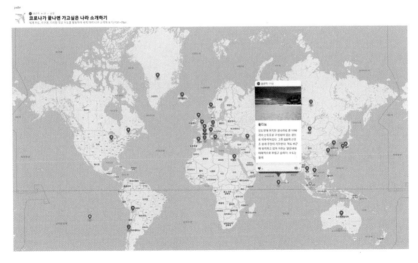

학습 목차 예시

기에 한 차시를 늘여 온라인 수업으로 구성할 수 있습니다.

둘째, 평소 오프라인 수업에서 하기 어려웠던 단점들을 보완하는 활동을 떠올려 봅니다. 학생들은 매일 등교를 하지 못하는 대신 가정에서 시간을 많이 보내고 있습니다. 평소 학교에서 하기 어려웠던 가정 연계형 활동이나 조사 학습 같은 활동들을 할

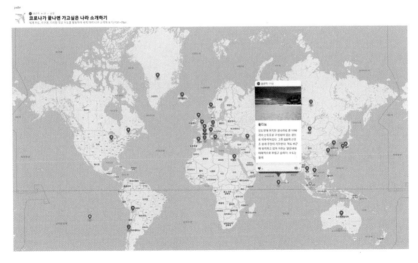

지도형 패들렛을 활용한 '나라 소개' 온라인 수업

수 있는 주제나 차시는 어떤 것이 있나 살펴보면 도움이 될 것입니다. 또한, 학교에서 하지 못했던 짝 활동이나 협업 활동도 온라인 수업에서 할 수 있습니다. 줌(ZOOM)에 있는 소회의실 기능을 활용하거나 학생들이 협업을 할 수 있는 패들렛을 열어줄 수도 있습니다. 대면 수업에서 못하는 활동이라고 포기하지 마시고 온라인에서 비대면으로 할 수 있는 방법은 어떤 게 있을까 고민해보면 좋겠습니다.

이러한 재구성 활동들은 무궁무진합니다. 백지장도 맞들면 낫다고 합니다. 혼자 찾으려고만 하지 마시고 옆에 있는 선생님들과 인디스쿨 같은 교사 커뮤니티 등에서도 아이디어를 함께 나누신다면 온앤오프 수업이 훨씬 풍부해질 것입니다.

시간표 재구성하기

수업 주제를 찾았다면 시간표 계획도 고민해보아야 합니다. 보통 학기 초가 되면 반별 고정 시간표를 작성하고 나이스에 기초시간표로 등록합니다. 그런데 지금과 같은 대면 수업과 온라인 수업이 병행하는 상황에서는 고정된 시간표로 수업을 운영하는 데 어려움이 있습니다. 그러므로 시간표를 구성할 때도 재구성이 필요합니다.

학급 시간표 예시   학년 시간표 예시

왼쪽의 '학급 시간표' 예시는 우리 학급에서 온라인-대면 수업 기간 동안 배부된 시간표입니다. 우리 반은 2주마다 시간표를 나누어주는데, 시간표를 살펴보면 매주 같은 요일에 같은 과목을 수업하는 고정된 시간표가 아니라는 것을 알 수 있습니다. 온라인과 대면 수업이 병행되는 기간에 고정된 시간표로 운영하다 보면 온라인 수업과 오프라인 수업 활동을 유기적으로 연결하기 어렵습니다. 2주간 수업해야 할 단원과 차시를 살펴보고 온라인과 오프라인 수업에 적합한 차시나 활동 순서를 미리 계획하여 시간표를 구성합니다.

또한, 시간표를 구성할 때 생각해보아야 할 점은 블록식 수업을 활용하는 것입니다. 블록타임제란 미술이나 실과 실습 수업을 할 때 실습 시간 확보를 위해 연차시로 구성을 하는 것을 말합니다. 온라인 수업에서 학생들이 활동을 하고 그것을 교사가 피드백하기 위해서는 시간이 부족한 경우가 많은데, 이 경우 블록 수업으로 시간표를 구성하면 도움이 됩니다.

유기적인 온앤오프 수업을 위해서는 시간표 재구성이 필요하지만, 학년 나이스 상의 시간표 계획 때문에 그러지 못하는 경우가 많습니다. 우리 학교의 경우 동학년에서 협력하여 2주간의 대략적인 시간표 시수와 진도를 회의를 통해 정하고 있습니다. '학년 시간표' 예시는 우리 학년에서 만든 2주간의 수업 계획입니다. 이렇게 결정된 2주간의 시간표에서 들어가야 하는 과목별 시수만 고정을 하고 그 안에서 각 반이 자율적으로 시간표를 재구성하여 운영하고 있습니다. 이렇게 하니 시간표 재구성을 하더라도 학년 안에서 진도와 평가시기를 어느 정도 맞출 수 있었습니다.

교과 간 통합으로 수업 재구성하기

온앤오프 수업은 단일 교과 안에서 뿐만이 아니라 다른 과목끼리 주제 중심으로 통합하여 수업을 재구성할 수도 있습니다. 한 주제를 정하고 이 주제를 학습하기에 적합한 과목의 학습 내용을 선별하여 프로젝트 수업으로 진행할 수 있습니다.

	학습목표	재구성	
사회	[15차시] 지구촌에서 나타나는 다양한 환경 문제 알아보기(사138-141p) [16~17차시] 지구촌 환경 문제를 해결하기 위한 노력 알아보기(사142~146p)	다양한 해양 환경 문제를 조사해보기	등교
실과	[16~18차시] 일상생활 문제를 해결하는 프로그램을 만들어 볼까요?(55~57p)	해양 쓰레기 청소로봇 프로그램 만들기	온라인
국어	[6~7차시] 효과적인 발표 자료 만들기(국160~163p)	해양 환경 문제를 알리기 위한 발표 자료 만들기	온라인/등교

교과 통합 프로젝트 수업 계획

위 계획은 '해양 환경'을 주제로 사회, 실과, 국어 과목을 통합하여 실시한 프로젝트 수업 계획입니다. 처음 두 차시는 사회 수업으로 해양 쓰레기 문제를 알아보고 해양 쓰레기 문제를 해결할 수 있는 방법을 조사하고 직접 생활에서 실천하도록 구성했고, 3차시는 실과 수업으로 프로그래밍을 통해 해양청소로봇을 만들어보도록 했습니다. 그리고 4~5차시는 국어로 교과서에 나오는 자료를 활용해 발표하는 활동을 재구성해서 '해양 환경 문제를 알리는 공익광고 만들기' 활동을 실시했습니다.

교과 통합 프로젝트 수업을 진행할 때는 가정에서 온라인 수업을 들을 때도 학생들이 학습 흐름을 잘 따라갈 수 있도록 오른쪽과 같이 교사가 교과서나 학습 자료를 제작하여 배부할 수도 있습니다.

이러한 교과 간 통합 프로젝트 수업의 경우 하나의 주제로 여러 과목의 수업이 진행되므로 학생들의 흥미가 높고 무엇보다 온라인 수업과 대면 수업을 하나의 배움으로 연계할 수 있다는 장점이 있습니다.

온앤오프 수업은 찾는 만큼 보입니다. 앞서 강조했듯 대면 수업과 온라인 수업이 함께 가는 상황에서 수업의 재구성은 필수입니다. 온앤오프 수업의 재구성은 그에 맞는 주제와 활동을 찾으려 하는 만큼 무궁무진해집니다. 그래서 온앤오프 수업은 아는 만

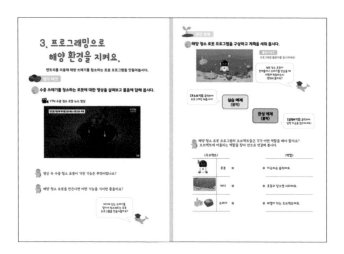

교과 통합 프로젝트 수업 교과서 예시

출처 : 온라인 교과서(경남 거제상동초 윤은미 선생님 제작)

큰 보이는 것이 아니라 '찾는 만큼 보인다'는 것입니다. 풍부한 온앤오프 수업을 위해 열심히 찾으시고 또 찾으신 아이디어를 옆에 선생님들과도 나누시며 선생님들에게 맞은 수업을 찾으시길 바랍니다.

❸ 수업 도구
줌

수업을 위한 도구의 특징

- PC, 스마트폰, 태블릿PC 등 모든 장치로 언제 어디서나 참여가 가능합니다.
- 참가자의 회원가입이 없어도 URL 링크나 회의 아이디와 비밀번호만 알면 접속이 가능합니다.
- 유료 계정을 사용할 경우 시간에 구애받지 않고 무제한으로 회의 참여가 가능하며, 설문조사, 공동호스트, 클라우드 기록 등의 기능을 사용할 수 있습니다.

수업 활용을 위한 유의사항

- PC, 스마트폰, 태블릿PC 등 다양한 기기로 줌(zoom)을 활용할 수 있지만, 교사는 수업 중 다양한 기능을 활용해야 하므로 카메라나 마이크가 있는 데스크톱 컴퓨터나 노트북을 준비하는 것이 좋습니다.
- 실제 수업과 마찬가지로 옷을 바르게 갖추어 입기, 교과서나 공책을 펼치고 책상 앞에 앉기, 수업 시작 10분 전 접속하기 등의 사전 예절 지도가 필요합니다.

홈페이지(zoom.us)의 설정 탭에서 설정할 수 있으며, 줌 프로그램 실행 중에는 설정을 변경해도 바로 반영이 되지 않기 때문에 프로그램을 실행하기 전에 살펴보면 좋습니다.

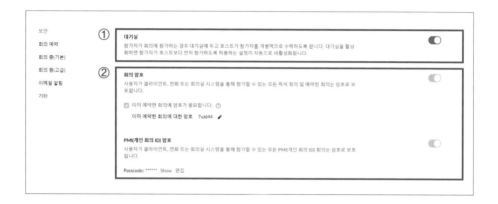

① 대기실 기능

학생들이 회의실에 입장하기 전 대기실에 두고 교사가 학생의 참석을 수락하도록 하는 기능입니다. 학생이 회의실에 교사보다 먼저 접속하는 것을 방지해주며, 신원이 확실한 학생만 회의실에 접속할 수 있도록 합니다.

② 회의 암호 기능

자동 생성되는 회의 암호는 대문자, 소문자, 숫자가 섞여 있어 학생이 입력하기 어려우므로, 회의 암호를 쉽게 수정하여 안내하면 좋습니다.

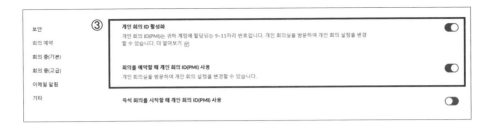

③ 개인 회의 아이디(Personal Meeting ID)

계정당 하나씩 할당되는 고정된 회의 번호로, 회의실을 만들면 회의 ID가 자동으로 생성되지만, PMI를 사용하면 아이디와 회의 암호가 고정되기 때문에 여러 번 안내하는 번거로움이 없습니다.

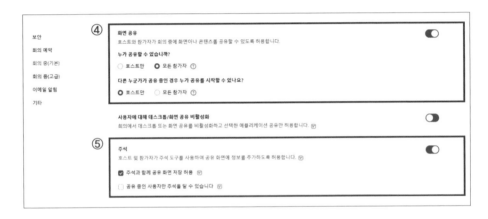

④ 화면 공유

교사의 컴퓨터 화면을 공유하며 비대면 수업 시에도 대면 수업처럼 자료를 제시할 수 있습니다. 화면 공유 권한을 '모든 참가자'로 설정해두면 학생들의 모둠 활동, 발표 활동 시 스스로 자신의 화면을 공유하며 활용할 수 있습니다.

⑤ 주석

화면 공유 시 공유 화면에 펜, 글씨, 도형 등의 정보를 추가할 수 있는 기능입니다. 수업 중 학생들의 의견을 모을 때 활용할 수 있습니다.

줌 프로그램을 활용한 수업 시 유용하게 활용할 수 있는 기능 및 사례입니다. 먼저, 화면 공유 기능으로 교사의 컴퓨터 화면을 다양한 방법으로 공유하며 수업에 활용할 수 있습니다.

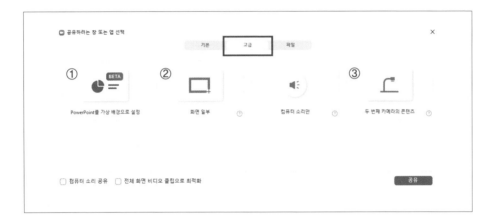

① PowerPoint를 가상 배경으로 설정

PowerPoint의 슬라이드 화면을 가상 배경으로 설정하는 기능으로, PPT 화면과 교사의 모습을 동시에 보여줄 수 있습니다.

[수업 활용 사례]
사회 역사 수업 시 1인극 수업 진행하기

② 화면 일부 공유

교사가 지정한 영역만큼의 화면 일부만 공유할 수 있는 기능으로, 공유하는 영역의 넓이나 위치는 마음대로 지정할 수 있습니다. 아래의 연두색 사각형 영역만큼만 학생들에게 공유됩니다.

[수업 활용 사례]
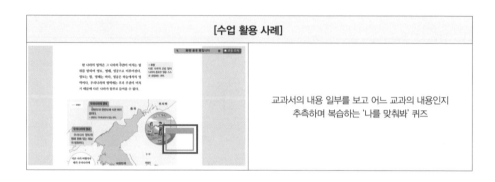 교과서의 내용 일부를 보고 어느 교과의 내용인지 추측하며 복습하는 '나를 맞춰봐' 퀴즈

③ 두 번째 카메라의 콘텐츠 공유

실물 화상기의 화면을 공유하며 활용할 수 있는 기능입니다.

[수업 활용 사례]
 수학 교과 문제 풀이
실물 화상기를 활용한 그림책 함께 읽기 활동

국가의 일을 나누어 맡아야 하는 까닭을 알아봅시다

한 나라의 모든 일을 한 사람이 결정한다면 어떤 일이 일어날까? 소영이는 그와 관련한 왕의 이야기를 역사에서 찾아봤다.

④

루이 14세는 프랑스 역사상 가장 강력한 권력을 가졌던 왕이다. 그는 프랑스가 유럽에서 가장 강한 국가라는 것을 알리려고 수차례 전쟁을 일으켰다. 그리고 전쟁에서 여러 번 승리를 거두며 주변 국가로 영토를 넓혀 갔다. 이런 힘을 바탕으로 루이 14세는 마음대로 법을 만들어 집행했다. 귀족들을 궁전에 초대해 연회를 즐기면서 세금을 낭비했으며, 세상에서 가장 크고 화려한 베르사유 궁전을 짓기도 했다.

⊙ 루이 14세(1638~1715)

④ 주석 기능

화면 공유 시 공유 화면에 펜, 글씨, 도형 등의 정보를 추가할 수 있는 기능입니다. 교사뿐만 아니라 학생들도 주석 기능을 활용하여 화면 공유 중 자신의 의견을 표현할 수 있습니다.

[수업 활용 사례]	
	그림책 깊이 있게 읽기
	수학 교과 수업 활용 모습
	창체 감정출석부 (출처: 서울 가곡초 백지민 선생님)

[수업 활용 Tip] 주석 기능으로 낙서를 하는 학생이 있을 경우 어떻게 하면 좋을까요?

• 주석 컨트롤바의 '선택'툴을 주석 위에 가져다 대면 주석을 작성한 학생의 이름이 나타납니다. 주석 사용법 안내 시 자유롭게 낙서를 하게 한 후, 선택 툴로 이름을 확인하며 "ㅇㅇ이는 별을 그렸구나." "ㅇㅇ이가 그린 검정색 웅덩이는 무엇이니?" 등 하나씩 이야기를 나누면서 자연스럽게 주석 도구가 익명이 아님을 인지시켜 낙서를 자제하게 할 수 있습니다.

• 또는 컨트롤바의 '더 보기'-'참가자 주석 사용 안 함'을 선택하여 주석 사용을 일시적으로 중지시킬 수 있습니다.

⑤ 채팅 기능

학생들과 채팅 또는 파일을 주고받을 수 있는 기능입니다.

⑥ 소회의실 기능

회의실 안에 작은 회의실을 만들어 학생들이 모둠별 활동을 할 수 있도록 돕는 기능입니다. 소회의실에 할당되는 인원을 자동, 수동, 학생이 직접 선택할 수 있도록 설정할 수 있습니다. 교사가 모든 소회의실을 한 번에 볼 수는 없으나, 소회의실 별로 들어가 학생 모습을 볼 수 있으며 '브로드캐스트' 기능으로 모든 소회의실에 전체 메시지를 발송할 수 있습니다. 소회의실에 있는 학생들은 도움 요청 기능으로 교사에게 도움을 요청할 수 있습니다.

[수업 활용 사례]	
	국어 토론 중 찬반 의견 모으기

[수업 활용 Tip] 공부를 잘하는 학생이 먼저 대답을 해버리면, 다른 학생이 발표 의욕을 잃어 골고루 발표시키기 어려워요. 원격 수업 상황에서도 모든 학생이 활발히 발표를 할 수 있게 하는 방법이 있을까요?

• 비밀 채팅 기능을 활용하여 발표의 답을 받고, 교사는 정답 여부만 알려주면 모든 학생이 의욕을 잃지 않고 발표 활동에 참여하도록 유도할 수 있습니다.
• 반응의 '손들기 기능'을 활용하면 학생의 좌측 상단에 푸른색 손바닥 아이콘이 생겨나며 손을 든 학생 순서대로 참가자 명렬이 정렬됩니다. 이 기능을 통하여 순서대로 발표를 시키거나 과제를 다 한 순서 등을 체크할 수 있습니다.

콘텐츠 제작 도구

ON&OFF 콘텐츠 제작 도구의 특징

- 미리캔버스로는 PPT, 카드 뉴스, 유튜브 썸네일, 포스터 등 수업 및 일상생활 전반에서 활용할 수 있는 이미지를 쉽게 제작할 수 있고 다양한 형태로 저장하여 활용할 수 있습니다.
- 윈도우 10에서는 기본으로 녹화기능을 제공합니다. 다른 프로그램을 구매 및 설치를 하지 않아도 수업 화면을 녹화할 수 있습니다. 미리 캔버스와 윈도우 기본 녹화기능을 함께 이용하면 1차시 수업 콘텐츠를 빠른 시간에 제작할 수 있습니다.
- 스마트폰으로 영상 콘텐츠를 만드는 앱을 2가지로 분류할 수 있습니다. 수업 인트로와 유튜브 썸네일을 만들 수 있는 앱과 영상 편집을 할 수 있는 앱이 있습니다. 다양한 기능을 제공하는 앱들을 복합적으로 사용하여 수업 영상을 제작하면 학습자에게 더욱 효과적이고 흥미로운 콘텐츠를 제작할 수 있습니다.

ON&OFF 연계 Tip

- 미리캔버스로 수업 이미지를 제작하여 구글 도구(프리젠테이션)을 통해 학생 개별로 공유하여 수업에 활용할 수 있습니다.
- PC와 스마트폰의 기종에 따른 제작 환경의 차이가 있으므로 자신의 도구에 대한 파악이 필요합니다.
- 성취기준과 학생의 수준을 고려하여 수업 콘텐츠를 구상 및 제작해야 합니다.

ON 1. 미리캔버스로 이미지를 제작하고 공유하는 방법

미리캔버스는 PPT와 유튜브 섬네일, 카드 뉴스, 포스터 등 이미지를 아주 쉽고 빠르게 만들 수 있는, 디자인은 예쁘게 만들 수 있는 사이트입니다. 또한, 저작권 문제에서 자유로운 콘텐츠를 제작, 활용할 수 있고, 다양한 유료 폰트들을 미리캔버스 내에서 무료로 사용할 수 있습니다.

1) 이미지 제작 방법

미리캔버스 홈페이지에서 '바로 시작하기' 바로 시작하기 를 누릅니다. 맨 윗줄 캔버스 사이즈에서 내가 사용할 사이즈를 선택합니다. PPT의 캔버스 사이즈는 1920px X 1080px입니다. 카드 뉴스의 사이즈는 1080px X 1080px입니다. 그다음 밑에 있는 템플릿 선택 창에서 템플릿 종류를 선택합니다. 그러면 미리캔버스에서 제공하는 많은 수의 템플릿을 볼 수 있습니다. 템플릿 하단의 숫자(12)는 템플릿이 갖고 있는 레이아웃(페이지)의 숫자를 의미합니다. 활용 목적에 맞는 템플릿과 레이아웃을 결정합니다. 원하는 레이아웃을 선택하면 오른쪽 창에 적용이 됩니다.

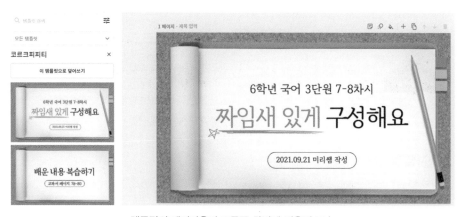

템플릿의 레이아웃이 오른쪽 화면에 적용된 모습

➕를 눌러 페이지를 추가할 수도 있고, 🗐 를 눌러 해당 페이지를 복사할 수 있습니다. 페이지 안에서 텍스트와 이미지를 수정하거나, 크기나 위치를 조절합니다. 또한, 왼쪽 메뉴에서 사진, 요소, 텍스트, 배경 등의 요소들을 추가할 수 있습니다.

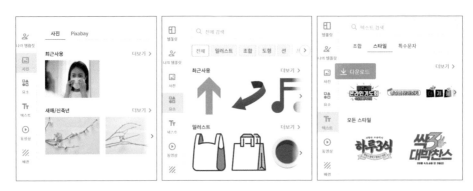

왼쪽 메뉴(사진, 요소, 텍스트)를 사용하는 모습

만들어놓은 미리캔버스 페이지에 자신이 가지고 있는 사진을 삽입할 수 있습니다. 삽입하는 방법은 이미지를 복사하여 붙여넣기를 하면 됩니다. 배경이 필요한 사진은 REMOVE.BG(http://remove.bg)에서 이미지를 만들어 삽입하면 됩니다.

REMOVE.BG로 만든 이미지를 미리캔버스에 삽입

2) 저장 및 공유

오른쪽 위 끝에 다운로드(⬇ 다운로드)를 누르면 JPG나 PNG같이 이미지로 내려받거나, PDF 문서로 내려받을 수 있습니다. PPT로도 '개별 요소를 이미지화', '텍스트 편집 가능', '통 이미지' 등 3가지 옵션으로 내려받을 수 있습니다.

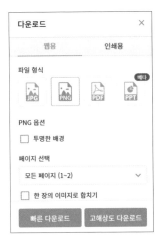  

3가지 저장 옵션

다운로드 옆 공유()를 눌러 링크를 통해 작업물을 공유할 수 있습니다. 제작한 작업물을 보기만 할 수 있는 방식과 복사하여 사용할 수 있는 방식, 2가지 공유 옵션을 제공합니다.

ON 2. 윈도우 기본 녹화기능 이용하여 화면을 녹화하기

윈도우 10에서는 기본으로 녹화기능을 제공합니다. 별도의 화면 캡쳐 프로그램을 설치하지 않고도 간단하게 수업을 녹화할 수 있습니다. 윈도우 시작메뉴에 들어가서 PC설정(⚙ 설정)을 누릅니다. 〔게임〕을 선택한 뒤 '게임 바를 이용해 게임 클립, 스크린샷 및 브로드캐스트 레코드' 메뉴를 활성화하고, '컨트롤러의 이 단추를 사용하여 게임 바 열기'를 해주면 모든 준비가 된 것입니다. 캡쳐를 할 사이트나 PPT를 열어주신 다음 〔⊞〕+G를 누르면 녹화 버튼이 화면이 등장합니다. 녹화 키를 누르면 됩니다.

윈도우 캡쳐 도구와 녹화 영상 저장 위치

화면과 목소리를 동시에 녹화하려면 [녹화 중 마이크 켜기]를 활성화하면 됩니다. 녹화를 마친 영상은 [내 PC]-[동영상]에 저장됩니다. 미리캔버스의 슬라이스 쇼 기능과 윈도우 기본 녹화 기능을 이용하여 수업을 녹화하시면 더욱더 쉽게 수업 영상을 제작할 수 있습니다.

ON | 3. 멸치 앱으로 수업 인트로 만들기

템플릿 기능을 제공하는 앱에는 'QUIK', 'CAPCUT', 'VITA', 'iMovie' 등이 있습니다. 수업 콘텐츠 중 인트로 부분을 이 앱들을 활용하여 만들 수 있습니다. 여기서 인트로란 영상의 앞부분에 나오는 짧은 형식의 영상으로 학습 주제나 학습 목표 등이 담겨 있는 영상을 말합니다.

여러 가지 앱 중 '멸치'를 소개합니다. 멸치는 무료 앱(워터 마크가 있는 템플릿도 있음)이며, '초대장', '광고', 'SNS', '연애' 4가지 주제로 영상 템플릿들을 제공하고 있습니다. '초대장'과 '연애' 주제의 템플릿을 이용하여 졸업식이나 행사 초대 영상을 만들 수 있습니다. '광고'와 'SNS' 주제의 템플릿을 이용하여 수업 영상 인트로나 유튜브 썸네일, 범퍼 영상을 제작할 수 있습니다. 다음은 멸치 앱을 이용한 수업 인트로 만드는 방법입니다.

1. 원하는 템플릿을 선택합니다.

2. 미리보기 화면의 숫자와
아래의 텍스트 숫자가 같음을 확인한 뒤,
텍스트 상자를 채웁니다.

3. 텍스트 상자를 채운 뒤
'완료'를 누릅니다.

4. 보관함에 완성된 영상이 저장됩니다.
영상이 잘 만들어졌는지 확인한 뒤, 고화질로
다운받으면 스마트폰 갤러리에 저장됩니다.

ON 4. CAPCUT을 이용하여 수업 영상 제작하기

스마트폰으로 영상을 편집할 수 있는 앱에는 키네마스터, VLLO, 비바비디오, VITA, CAPCUT이 있습니다. 이 중 무료(인앱결제 없음)로 사용할 수 있고, PC에서 사용할 수 있는 고급기능(크로마키, 마스크, 흔들림 보정, 속도그래프, 고급 트랜지션 등)을 지원해 주는 'CAPCUT'에 대하여 알아보겠습니다.

영상 작업은 PC와 스마트폰 모두 비슷합니다. 영상의 단계는 첫 번째로 촬영하거나 녹화한 영상 중 필요한 부분을 남겨두는 '컷 편집' 작업, 두 번째로 타이틀 자막이나 하단부 대사 자막을 넣는 '텍스트 작업', 영상의 효과를 주는 '영상효과편집' 작업, 영상 위에 영상이나 사진을 올려 '마스크' 작업과 '크로마키' 작업 등을 할 수 있는 'PIP' 작업, 마지막으로 효과음과 배경음악을 삽입할 수 있는 '오디오' 작업입니다. 상황에 따라서 순서가 바뀔 수 있지만, 보통 이 단계대로 작업을 하면 됩니다.

1) CAPCUT 인터페이스 소개

① 해상도와 프레임을 변경할 수 있습니다. 480p부터 4k까지 선택할 수 있습니다. 프레임은 24에서 60까지 설정할 수 있습니다.

② 편집한 영상의 미리보기를 할 수 있습니다.

③ 편집을 잘못했을 때 되돌리기와 다시 되돌리기입니다. 그 옆의 버튼은 미리보기 화면을 확장할 수 있습니다.

④ 막대가 위치하는 부분이 미리보기 화면으로 표시됩니다.

⑤ 영상과 영상 사이의 전환 효과를 줄 수 있습니다.

⑥ 영상 클립을 추가할 수 있습니다.

⑦ 메인 도구입니다.

⑧ 영상 내보내기를 할 수 있습니다.

CAPCUT의 메인

2) CAPCUT 메인 도구 소개

CAPCUT의 메인 도구

① 편집: 영상 클립을 편집할 수 있습니다. 영상 속도 조절, 흔들림 방지, 크로마키, 마스크, 영상 자르기, 소리 조절을 할 수 있습니다.

② 오디오: 효과음과 배경음악, 내레이션을 녹음하여 삽입할 수 있습니다.

③ 텍스트: 타이틀과 자막을 삽입할 수 있습니다.

④ 스티커: 영상을 세련되게 만들어주는 스티커가 있습니다.

⑤ PIP: 영상 위에 영상을 올릴 수 있습니다.

⑥ 편집 효과: 영상에 효과를 줄 수 있습니다.

⑦ 필터: 영상의 색감을 조절할 수 있습니다.

⑧ 형식: 16:9, 9:16, 1:1 등 영상의 사이즈를 조절할 수 있습니다.

⑨ 캔버스: 영상의 기본 배경 디자인을 할 수 있습니다.

⑩ 조정: 영상의 명암과 채도 등을 조절할 수 있습니다.

3) 컷 편집

영상 편집의 기본이 되는 과정입니다. 이 과정을 통해 영상 클립에서 필요한 부분만 남기고 삭제합니다. 영상에서 부분을 삭제하는 방법은 영상 클립의 양 끝 하얀 부분을 이동시키면서 삭제하거나, 상태 막대를 위치시킨 후 ▐▐ 분할 도구를 이용하여 한 개의 클립을 두 개로 분할한 뒤 필요 없는 부분을 삭제하면 됩니다. 또한, 속도 도구를 이용하여 영상의 재생속도를 빠르게 하거나 느리게 할 수 있고, 영상이 흔들릴 때는 흔들림 방지 도구를 이용하여 영상을 안정시킬 수 있습니다. 영상을 확대하거나 축소시키고 싶을 때는 미리보기 창에서 두

손가락을 이용하여 늘리거나 줄여주면 되고, 미리보기에 나온 장면의 정지된 사진을 영상에 삽입할 때는 프리즈 도구를 사용하면 됩니다. 영상이나 효과들을 이동시킬 때는 꾹 누른 다음 끌어서 이동하면 됩니다.

4) 자막 작업

텍스트 도구를 눌러 컷 편집에 끝난 영상에 타이틀이나 자막을 삽입해봅시다. [텍스트] - [텍스트추가]에 들어가 자막을 쓰고 스타일을 선택하면 됩니다. 또한 [텍스트] - [텍스트 템플릿]에는 미리 디자인해놓은 세련된 디자인의 텍스트에서 내용만 수정하면 됩니다.

5) 영상 효과 적용 작업

영상에 생기를 불어 넣어줄 영상 효과를 적용해봅시다. [편집효과] 도구에는 다양한 컨셉의 영상 효과가 있습니다. 다양한 테마의 영상 효과들을 한 번씩 눌러보면서 영상에 어울리는 효과를 적용합니다.

6) PIP 작업

PIP(picture in picture) 기능은 영상 위에 사진이나 영상을 올리는 작업을 말합니다. 상단에 로고를 띄우거나, 위에 올려진 영상의 필요한 부분만 남기는 마스크 기능을 사용할 수 있습니다. 또한, 크로마키 기능도 사용할 수 있습니다.

7) 오디오 작업

하단의 [오디오] 툴에 들어가면 배경음악이 있는 사운드와 효과음이 있는 편집효과 툴이 있습니다. 어울리는 오디오를 찾아서 적용시켜 줍니다. 작업라인에 있는 오디오를 누르면 오디오 편집메뉴가 떠서 각종 효과를 적용할 수 있습니다.

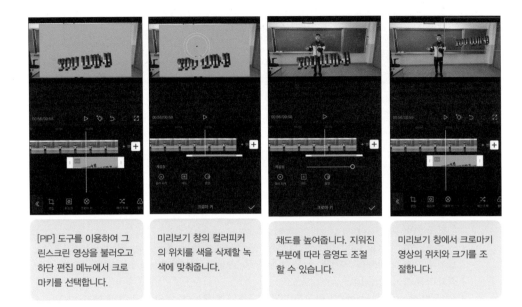

[PIP] 도구를 이용하여 그 린스크린 영상을 불러오고 하단 편집 메뉴에서 크로마키를 선택합니다.	미리보기 창의 컬러피커의 위치를 색을 삭제할 녹색에 맞춰줍니다.	채도를 높여줍니다. 지워진 부분에 따라 음영도 조절할 수 있습니다.	미리보기 창에서 크로마키 영상의 위치와 크기를 조절합니다.

CAPCUT의 크로마키 기능

8) 비디오 제작하기

오른쪽 상단의 내보내기 버튼을 눌러 영상 내보내기를 합니다. 안드로이드 스마트폰은 자동으로 갤러리에 저장이 됩니다. 아이폰은 영상을 만든 뒤 〔다른 플랫폼으로 공유〕를 눌러 〔비디오 저장〕을 해야 갤러리에 저장됩니다.

❺ 수업 도구
구글

수업하기 전에

- 구글 도구에는 발표 도구인 구글 프레젠테이션, 문서 도구인 구글 문서, 엑셀과 같은 구글 스프레드 시트, 설문 혹은 퀴즈를 만들 수 있는 구글 설문, 온라인 화이트보드인 잼보드 등이 있습니다.
- 구글 도구를 활용할 때 가장 좋은 방법은 '구글 클래스룸'을 활용하는 것입니다. 학생들에게 손쉽게 과제를 제공할 수 있고 제출된 과제물을 보고 교사는 피드백을 주거나 평가까지 할 수 있습니다.
- '구글 클래스룸'을 활용하지 않더라도 선생님께서 활용하고 계신 기존의 온라인 학급 서비스(클래스팅, 하이클래스, 밴드 등)에서도 구글 도구(구글 프레젠테이션, 문서, 시트 등)를 활용하여 과제 제공 및 협업 활동을 할 수 있습니다. 교사와 학생 모두 크롬 브라우저를 설치해야 하며 교사는 구글 계정이 필요합니다. 교사가 구글 드라이브에 구글 프레젠테이션, 잼보드 등을 활용하여 과제를 제작하고 URL 링크 공유를 통해 학생들은 계정 없이 바로 접속하여 활동할 수 있습니다.

ON&OFF 연계 Tip

- 구글 도구를 활용하여 과제 제시형 수업, 실시간 쌍방향 수업 등 다양한 수업을 만들 수 있습니다.
- 개인 컴퓨터를 활용할 때 학생과 교사 모두 '크롬' 브라우저를 반드시 설치해야 합니다. 학생들이 태블릿PC 혹은 스마트폰을 활용할 경우 크롬 브라우저 그리고 구글 프레젠테이션, 구글 문서, 잼보드 등 각각의 앱을 설치해야 합니다.

ON 1. 구글 도구 생성 및 공유 방법

　본격적인 도구 소개 및 활용에 앞서서 구글 도구 생성 및 학생들에게 공유하는 방법을 알아보겠습니다. 구글 도구를 활용하여 수업을 할 때 선생님께서 제작한 과제물에 학생이 접속하는 방법은 모두 똑같습니다.

　먼저 선생님께서는 '크롬' 브라우저를 설치하고 구글 아이디를 활용하여 로그인해야 합니다. 그 후 구글 앱 버튼(⠿)을 클릭하여 나오는 도구를 선택하여 제작을 하거나 구글 드라이브(△)를 선택합니다. 체계적인 수업 기록을 위해서 구글 드라이브에 과목별 혹은 단원별 폴더를 생성하여 과제를 만드는 것을 추천합니다. 구글 드라이브를 선택하고 새로 만들기(+ 새로 만들기)를 클릭하여 원하는 구글 도구를 선택한 후 과제물을 만듭니다. 잼보드인 경우 '더보기'를 선택하면 나오게 됩니다.

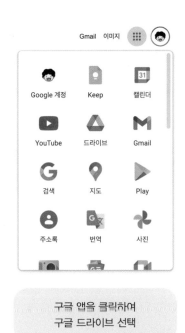

구글 앱을 클릭하여
구글 드라이브 선택

새로 만들기 클릭 후
원하는 구글 도구 선택

이후 과제 '공유' 버튼(을 클릭한 후 '링크 보기' – '변경' – '링크가 있는 모든 사용자에게 공개' – '편집자'를 선택하여 링크를 복사한 후 학생들에게 해당 링크를 공유하면 학생들은 별도의 로그인 없이 해당 과제물로 접속하여 과제물을 해결하거나 협업을 할 수 있습니다. 수업에 따라 학생들이 선생님이 제공한 과제물을 볼 수만 있게 하고 싶을 경우에는 '뷰어'로 변경한 후 링크를 제공하면 됩니다.

공유 버튼 선택 후 링크 복사 방법

ON 2. 구글 도구 생성 및 공유 방법

구글 프레젠테이션은 MS의 파워포인트 혹은 한쇼와 비슷한 모습을 하고 있어서 선생님들께서도 쉽게 활용할 수 있습니다. 이러한 구글 프레젠테이션을 활용하여 선생님의 발표 자료를 학생들에게 공유할 수 있을 뿐만이 아니라 학생들이 발표 자료 만들기 활동에도 사용할 수 있습니다. 또한, 문서의 형태를 변형시켜서 모둠 보고서 만들기, 모둠 신문 만들기와 같은 모둠 협업 활동을 할 수도 있습니다.

구글 프레젠테이션 화면

수업 사례 1_발표자료 만들기

수업 사례 2_학급 조사 보고서

수업 사례 3_
논설문 쓰기

특히 '댓글' 기능을 활용하면, 선생님이 학생이 만드는 과제물에 대해 피드백을 주고받을 수 있습니다. 댓글은 학생들이 과제물을 다 완성하고 나서도 계속 저장되어 있기 때문에 학생의 학습 결과물만 뿐만 아니라 과정을 평가하는 데도 활용할 수 있습니다.

댓글을 추가하는 방법은 피드백이 필요한 부분에서 마우스 우클릭을 한 후 '댓글'을 선택하여 작성하면 됩니다. 학생은 댓글을 확인하여 답변을 달고 완료시킬 수 있습니다. 추후 모든 댓글을 확인할 때는 '댓글 기록 열기'(▤)를 클릭하면 됩니다.

마우스 우클릭 후 댓글 선택

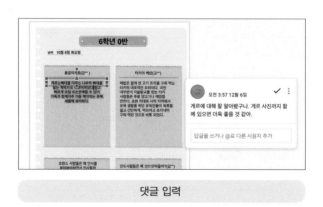

댓글 입력

또한, 구글 프레젠테이션을 활용하여 이미지나 영상을 삽입할 때 컴퓨터나 스마트기기에 있는 사진 혹은 영상을 업로드할 수 있을 뿐만 아니라 PC인 경우 바로 인터넷에서 검색한 결과를 업로드하거나 유튜브 영상을 삽입할 수 있습니다.

이미지의 웹 검색 결과 삽입

유튜브 검색 결과 삽입

구글 프레젠테이션을 활용하여 수업하기 위해서는 학생 역시 간단한 이미지 삽입 및 영상 삽입 등에 대한 방법을 익혀야 합니다. 이때 기능을 익히는 도입 활동에서는 뮤직비디오 만들기 활동을 추천합니다. 학생들이 쉽고 재미있게 기능을 익히고 구글 프레젠테이션을 활용한 다음 수업에서 쉽게 활동할 수 있을 것입니다.

뮤직비디오 만들기는 간단합니다. 먼저 교사가 슬라이드별로 가사를 나눠서 입력하고 학생들에게 링크를 공유해주면 학생들은 구글 프레젠테이션으로 접속하여 원하는 가사를 선택하여 웹검색 혹은 기기에 있는 이미지를 가사에 맞게 업로드하여 뮤직비디오의 한 장면을 완성하는 것입니다. 모두 완성하고 나서 '프레젠테이션 보기' 버튼

교사 제시 화면

학생 이미지 업로드 화면

을 클릭하면 영상처럼 보이게 되어 학급 협동 뮤직비디오가 완성되게 됩니다. 이 활동을 통해 이미지 삽입 방법, 글자 쓰는 방법 등의 기본 기능을 익히게 됩니다.

3. 잼보드

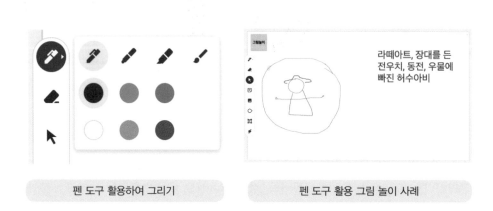

펜 도구 활용하여 그리기   펜 도구 활용 그림 놀이 사례

잼보드는 온라인 화이트보드로써 실시간 수업 혹은 오프라인 수업에서 모두 유용하게 사용할 수 있는 도구입니다. 그리기 기능, 메모 스티커 기능, 이미지 삽입, 도형 그리기, 텍스트 쓰기 등 다양한 기능을 갖추고 있어서 활용 범위가 매우 넓습니다.
'펜' 도구를 활용하여 교사는 판서를 하거나 학생들은 모둠 토의를 하며 토의 내용

스티커 메모

감정 출석부 사례

OX 퀴즈 사례

의견 모으기 사례

을 기록할 수 있습니다. 또한, 이미지를 활용한 콜라주 활동과 그림 놀이 등 다양한 수업에서도 사용할 수 있습니다.

'메모 도구'를 활용하면 칠판 혹은 도화지에 포스트잇을 붙이는 것처럼 학생들의 의견을 모아서 진행되는 수업에서 매우 유용하게 사용할 수 있습니다. 감정 출석부 활동, 색깔 바꾸기를 통한 토론 활동, 간단한 의견 모으기 등의 수업이 가능합니다.

텍스트 기능과 펜 도구를 활용하여 다음의 모둠 십자말풀이와 같이 간단한 협업 활동도 할 수 있습니다.

모둠 십자말풀이 사례

ON 4. 구글 설문

구글 설문은 이름에서 알 수 있듯 온라인 설문 도구입니다. 가정통신문의 종이 설문을 대체하여 활용할 수 있고 이미지나 영상도 삽입할 수 있습니다.

온라인 수업 환경에서는 구글 설문을 활용하여 퀴즈의 형태로 제작하여 학생 평가 도구로 활용할 수 있습니다. 퀴즈의 형태로 제작할 경우 학생들의 점수 파악이 가능하며, 각 문제에 대한 추가 설명이나 영상, 이미지 등을 넣어서 오답을 활용한 학습에도 유용합니다. 구글 설문을 활용하여 퀴즈를 제작하는 방법을 알아보겠습니다.

먼저 설정 버튼(⚙)을 클릭한 후 '퀴즈' – '퀴즈로 만들기'를 선택합니다. 그 후 아래의 설정을 선택한 후 저장 버튼을 클릭합니다.

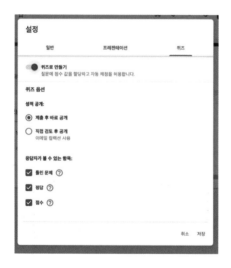

퀴즈의 제목을 정하면 퀴즈를 만들기 위한 설정이 완료됩니다.

아래 '제목없는 질문'을 선택하여 질문을 입력하고 우측 유형 선택창을 선택하여 원하는 형태의 퀴즈를 만듭니다. 퀴즈는 단답형, 장문형(서술형), 객관식, 체크박스, 드롭다운, 직선 단계 등으로 만들 수 있습니다.

74 · 온앤오프 연계수업

문제 유형 선택

먼저 단답형인 경우 정답을 입력할 때 '답안' 버튼을 선택하고 '정답 추가'에서 정답을 입력하면 됩니다. 복수 정답인 경우 추가로 정답을 입력할 수 있으며, 선생님이 입력한 정답 이외의 답변을 오답 처리하기 위해서는 '다른 답은 오답으로 표시'를 선택하면 됩니다. 그리고 문제의 배점을 우측의 '점수' 입력하여 완료하면 단답형 문제가 만들어집니다.

단답형 문제 만들기

이와 같은 방법으로 객관식 문제도 만들 수 있습니다. 보기를 추가해서 만들 수 있으며 정답 표시는 똑같이 '답안'을 선택하여 표시할 수 있습니다. 이때 복수 정답을 만

드는 경우, 예를 들어서 보기 1과 2가 모두 정답인 경우는 '객관식 질문'이 아닌 '체크
박스'를 선택해서 문제를 만들어주어야 1과 2를 모두 선택한 학생만 정답으로 인정됩
니다. 그리고 '답안 관련 의견 추가'를 선택하면 오답 또는 정답에 대한 부가 설명 및
자료를 첨부할 수 있습니다.

의견 추가

퀴즈를 제작하면서 이미지 추가 버튼(🖼)이나 동영상 추가 버튼(▶)을 활용하면 다
른 구글 도구와 마찬가지로 웹 검색 이미지나 유튜브 영상 그리고 PC나 구글 드라이
브에 저장되어 있는 자료를 함께 업로드할 수 있습니다.

이렇게 제작된 퀴즈는 '보내기' 버튼(보내기)을 선택하고 링크 공유 버튼(🔗) 클릭
하여 링크를 공유하여 학생들에게 퀴즈를 제공할 수 있습니다.

학생들의 답변은 '응답' 탭에서 정답률, 각 학생의 문제 제출 현황, 점수 등을 확인
할 수 있습니다.

구글의 다양한 도구 중 수업에 활용할 수 있는 또 하나의 도구는 바로 '오토드로우' 입니다. 오토드로우(https://www.autodraw.com/)는 온라인 그림판이라고 쉽게 생각하여 접근할 수 있습니다. 그림 그리기, 텍스트 입력, 도형 입력이 가능하며 여기서 AI를 활용한 그림 추천 기능까지 있어서 수업에 더욱 유용합니다.

오토드로우

오토드로우의 핵심 기능인 '자동 그리기' 사용 방법은 다음과 같습니다. 먼저 오토드로우 버튼(●)을 선택하여 그림을 그립니다. 그림을 그리고 나서 화면의 상단을 확인해보면 추천하는 그림이 나오고 선택을 하면 그림이 바뀝니다.

| 오토드로우로 그리기 | 추천 그림 확인 | 오토드로우 적용 모습 |

오토드로우를 활용한 수업 사례로는 비주얼씽킹을 활용한 학습 내용 정리하기, 포스터 만들기, 카드 만들기, 실험 설계하기 등 다양한 수업을 할 수 있습니다.

코로나 19 예방 수칙!

오토드로우 활용 수업 사례 '코로나19 예방 픽토그램 만들기'

이밖에도 한글 또는 MS워드와 같은 구글 문서, 엑셀과 같은 구글 시트, 온라인 문화 예술 감상 도구인 구글 아트앤컬쳐 등 다양한 도구가 있습니다. 구글의 많은 도구는 만들고 공유하는 방법이 모두 비슷하고 쉬워서 손쉽게 활용할 수 있을 것입니다.

학생 참여형 도구

수업하기 전에

- 소개하는 도구들은 모두 교사만 계정이 필요하고 학생들은 교사가 공유한 링크를 통해 로그인 없이 접속이 가능하기 때문에 학생들 역시 쉽게 접근할 수 있습니다.
- '팅커벨'은 무료로 활용할 수 있으며, 교사 인증을 받으면 더 다양한 기능을 활용할 수 있습니다.
- '패들렛'은 무료로 사용할 경우 약 5개의 게시판을 제작할 수 있으며, 'Padlet Pro Monthly'인 경우 매달 약 1만 원을 지불하면 무제한으로 사용할 수 있습니다.
- '마인드마이스터' 역시 무료일 경우 마인드맵을 최대 3개까지 만들 수 있으며, '개인 플랜'일 경우 매달 약 5천 원을 지불하면 무제한 마인드맵을 만들 수 있으며 추가 기능을 사용할 수 있습니다.

ON&OFF 연계 Tip

- '패들렛', '팅커벨', '마인드마이스터'는 과제형 수업이나 실시간 수업, 블렌디드 러닝에서 모두 학생의 참여를 증진할 수 있는 도구입니다.
- 각각의 도구에 정말 많은 기능이 있어서 처음 접하는 선생님께서는 복잡하게 느껴질 수 있지만, 수업에 필요한 기능만 익히다면 쉽게 활용하실 수 있습니다.

ON 1. 패들렛

패들렛(https://padlet.com/)은 온라인 게시판으로써 과제물 수합부터 실시간 토의 토론, 지도를 활용한 수업 등 다양한 수업에서 활용할 수 있습니다. 학생들은 교사가 제공한 링크를 통해 들어와서 활동할 수 있기 때문에 손쉽게 수업에 참여할 수 있습니다.

패들렛의 게시판 종류에는 '담벼락', '캔버스', '스트림', '그리드', '셀프', '백채널', '지도', '타임라인'이 있습니다. 먼저 게시판 제작 방법과 공유 방법을 알아본 뒤 각 게시판 유형별 활용 사례를 알아보겠습니다.

게시판 형태

먼저 게시판을 만들기 위해서는 '패들렛 만들기' 버튼(+ PADLET 만들기)을 선택합니다. 그 후 원하는 게시판을 선택합니다. 화면 우측의 수정에서 각각 '제목', '설명', '아이콘'을 입력합니다. 때에 따라서는 설명과 아이콘은 입력하지 않아도 괜찮습니다. '비주얼'

탭에서는 배경화면 등을 설정할 수 있습니다. 여기서 원하는 이미지로 변경도 가능합니다.

제목, 설명, 아이콘 설정

비주얼

'게시 관련' 탭에서는 다양한 기능을 추가할 수 있습니다. '저작자 표시'인 경우 학생들은 따로 로그인하여 접속하지 않기 때문에 표시하지 않아도 괜찮습니다. 새 게시물의 위치는 보통 처음 게시물 다음에 새로운 게시물이 배치되게 구성하기 때문에 '마지막'을 선택하는 것을 추천합니다. 그리고 '댓글' 기능도 활성화할 수 있는데, 선생님의 수업에서 피드백을 주고받는 활동이 필요할 경우 활성화시키면 됩니다. '반응'에서는 좋아요, 투표, 별점, 등급 등 다양한 반응을 추가할 수 있습니다.

'콘텐츠 필터링' 탭에서는 교사가 학생의 게시물을 승인한 것만 공유되게 하는 '승인 필요' 기능 그리고 불량한 단어를 이모티콘으로 대체하는 '비속어 필터링' 기능이 있습니다.

게시 관련	반응	콘텐츠 필터링

수업 환경에 맞게 각각의 기능을 설정하고 나서 '다음' 버튼(다음)을 누르면 게시판이 생성됩니다. 생성된 게시물을 공유할 때는 화면 우측 상단의 '공유' 버튼(공유)을 선택하여 '프라이버시 변경' 버튼을 선택합니다. 각각 비공개, 비밀번호, 비밀, 공개 등이 있는데 보통 학생과 수업을 할 때는 '비밀'을 선택하여 교사가 제공한 링크를 통해서만 접속 가능하게 세팅을 합니다. 그리고 방문자 권한에서는 학생들이 게시물을 볼 수 있게만 하는 '읽기 기능', 학생들의 게시물을 만들 수 있고 자신의 게시물만 편집할 수 있는 '작성 가능', 게시물 보기, 작성뿐만이 아니라 타인의 게시물을 편집할 수 있는

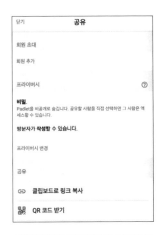

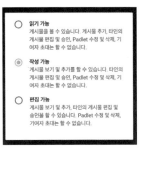

공유	프라이버시 변경	방문자 권한

'편집 가능' 중 하나를 선택하시면 됩니다. 보통의 일반적인 수업에서는 학생들이 자신의 게시물만 편집 가능하게 '작성 가능'을 선택하여 학생들에게 링크를 공유합니다.

학생 또는 선생님이 게시물을 작성할 때는 '더하기' 버튼(⊕)을 클릭합니다. 제목과 내용을 쓸 수 있으며 파일 업로드(⬆), 웹사이트 링크(🔗), 웹 이미지 검색 결과 혹은 영상(🔍), 카메라(📷)를 업로드 할 수 있습니다. 더보기 버튼(…)을 누르면 더욱 다양한 형태의 게시물을 만들 수 있습니다.

더보기

이번에는 개시판별 활용 모습을 보겠습니다. 먼저 '담벼락'과 '그리드'는 보통 작품 공유 게시판으로 많이 사용하게 됩니다. 오른쪽 그림의 첫 번째는 더보기의 그리기 기능을 활용하여 '다양한 나라의 영토 그리기'라는 사회 수업을 한 모습이고, 두 번째는 학생들이 미술 활동한 내용을 올려서 서로 칭찬의 댓글을 달거나 좋아요를 누르는 '미술 작품 공유' 게시판입니다.

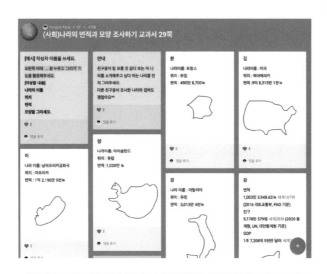

사례 1_다양한 나라의 영토

사례 2_미술 작품 공유

'셀프'는 섹션을 나누어 섹션별로 게시물을 작성할 수 있는 게시판입니다. 보통 자료를 배부할 때 혹은 주제를 세분화하여 수업을 구성할 때 많이 사용됩니다. 이러한 셀프를 활용한 사례로 첫 번째는 학급 토의 시간에 활용한 게시판입니다. 각 섹션을 토의 주제로 선정해두고 모둠별로 토의한 내용을 하위 항목에 작성하게 했습니다. 그 후 좋아요 버튼을 활성화하여 가장 좋은 의견에 투표하는 활동까지 진행했습니다.

두 번째는 '질문 놀이하기'입니다. 이번에는 각 섹션의 제목을 '질문'으로 만들어 학생들은 자신이 생각하는 바를 타당한 근거를 들어 질문에 대한 답변을 쓰게 했습니다. 추가로 스스로 질문을 만들고 댓글 기능을 통해 서로 만든 질문에 대한 답변을 달게 했습니다.

세 번째는 '논설문 개요 짜기'입니다. 실시간 쌍방향 수업에서 선생님의 진행과 함께 섹션을 추가로 만들며 진행했습니다. 처음에는 '우리 동네의 문제점' 섹션만 만들어서 그 아래 학생들에게 동네의 문제점을 작성하게 했고 공감이 되는 문제에 투표를 하게 한 뒤 우측에 추가적으로 '주장' 섹션을 만들어 아래 뽑힌 문제들을 주장의 형태로 바꾸어 썼습니다. 그 뒤 '근거' 섹션을 만들어 학생들과 이야기를 나누며 근거와 근거에 대한 자료를 정리하며 쓴 활동입니다. 이런 식으로 실시간 수업에서도 패들렛을 활용할 수 있습니다.

마지막 네 번째로 '사회 반별 조사하기'입니다. 보통 학년 전체로 수업을 진행하거나 모둠별로 나누어 진행할 경우 각각의 섹션을 반 혹은 모둠으로 정해 해당 학생들이 조사한 내용을 섹션별로 작성하게도 구성할 수 있습니다.

사례 1_토의 활동   사례 2_질문 놀이하기

사례 3_논설문 개요 짜기

사례 4_사회 반별 조사하기

지도 형태의 게시판은 다양한 지도 형태가 제공되며 학생들이 지도 위에 지점을 정하여 글을 쓰거나 영상, 그림 등을 올릴 수 있습니다. 따라서 여행 계획 세우기 혹은 다양한 나라에 대해 알아보는 활동 등을 할 수 있습니다.

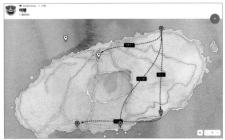

사례 1_내가 가고 싶은 나라

사례 2_여행 계획 세우기

그밖에도 '타임라인'인 경우 타임라인의 형태로 순서에 따라 게시물을 작성할 수 있고 '백채널'과 '스트림'은 채팅 혹은 학급 SNS의 형태로도 활용할 수 있습니다.

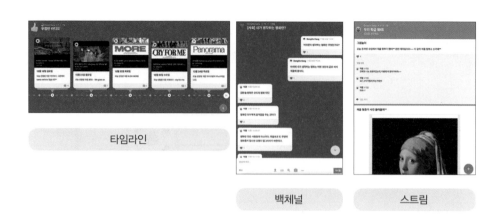

타임라인

백체널

스트림

팅커벨(https://www.tkbell.co.kr/)은 실시간 토의토론 및 퀴즈를 할 수 있는 온라인 도구입니다. 실시간 수업뿐만 아니라 과제형으로도 제공이 가능하며 특히 라이브러리를

팅커벨 사이트

통해 기존 선생님들께서 올려준 퀴즈 자료를 활용할 수 있다는 큰 장점도 있습니다.

틴커벨은 크게 '퀴즈'형과 '토의-토론'형으로 나눌 수 있습니다. 퀴즈형인 경우 OX, 선택형, 단답형, 빈칸형, 서술형 퀴즈를 만들 수 있습니다. 그리고 생성된 퀴즈 링크만 안내하면 학생들은 로그인 없이 바로 접속하여 퀴즈 활동에 참여할 수 있습니다.

wifi-on 🛜 WiFi-on 으로 선택하면 학생들과 실시간 퀴즈 풀이 활동이 가능합니다. 학생들은 교사가 제공하는 링크로 접속하여 자신의 이름만 입력하면 접속 가능합니다. 그리고 교사가 시작 버튼을 선택한 뒤 퀴즈를 진행하면 각각 어떤 학생이 무엇을 맞췄는지 그리고 각 학생의 점수 등을 실시간으로 확인할 수 있습니다. 이때 원격 수업에서 활용할 경우 '원격형'을 선택해야 학생들의 화면에 문제와 보기가 모두 나와서 학생들이 활동하는 데 더욱 편리합니다.

wifi-on 접속 화면

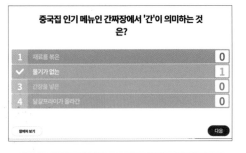

실시간 퀴즈 화면

wifi-off(WiFi-off)인 경우 등교 수업에서 활용되며, 학생들과 학급에서 골든벨 활동으로 사용하실 수 있습니다.

'과제'(과제)를 선택하면 학생들은 실시간 퀴즈는 아니지만, 교사가 제공한 문제를 풀고 결과를 확인할 수 있습니다. 교사 역시 개별 학생의 결과물을 수합해서 확인할 수 있습니다. 보통 과제 제시형 수업 중 단원 마무리 혹은 차시 정리 활동으로 많이 제공됩니다.

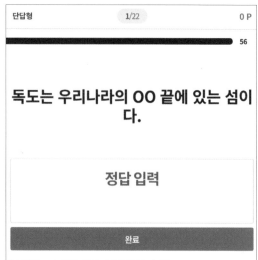

과제형 학생 접속 화면

과제형 학생 문제 풀이 화면

도전형 결과 화면

'도전'(도전)형을 활용해서 학생들에게 제공할 경우 과제형과 접속 및 문제 풀이 과정은 똑같지만, 문제를 해결하고 나서는 참여한 학생들의 포인트가 순위로 나옵니다. 학생들이 서로 순위를 다투는 기능이 있기 때문에 경쟁 요소를 살려 재미있게 퀴즈 활동을 할 수 있습니다.

'플래시카드'(플래시카드)형은 보통 과제형으로 영어 단어를 외우는 학습 자료를 제공할 때 혹은 관용표현, 사자성어를 외우는 활동을 할 때 많이 활용됩니다. 단어 카드를 뒤집어서 뜻을 확인하고 내가 알고 있는지 모르는지 표시를 하면 최종적으로 내가 어느 정도 알고 모르는지 확인할 수 있게 결과물이 제공됩니다.

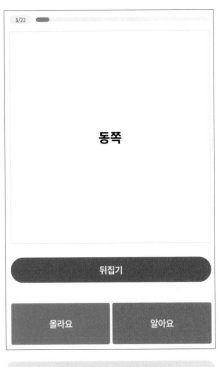

플래시 카드형 문제 화면

플래시 카드형 결과 화면

토의-토론형은 '찬성 반대', '신호등', '가치수직선', '투표', '띵킹보드', '워드클라우드'의 질문을 만들 수 있습니다. 마찬가지로 실시간 수업에서도 활용 가능하고 과제 제시형으로도 학생들에게 제공할 수 있습니다.

토의-토론형은 학생들이 응답을 제출할 때 응답을 한 이유도 같이 입력하는 창을 교사가 설정할 수 있기 때문에 단순히 찬성, 반대를 표현하고 확인하는 활동으로만 그치는 것이 아니라 바로 학생들의 자세한 의견을 파악할 수 있는 큰 장점도 있습니다. 그리고 워드클라우드인 경우 많이 나온 단어는 크게 강조되어 표현되기 때문에 학생들의 생각을 한눈에 볼 수 있어서 의견을 파악하는 데도 유용하게 활용할 수 있습니다.

팅커벨 검색창

팅거벨 라이브러리

기존의 다른 선생님들이 만든 자료를 활용할 때는 팅커벨 화면의 검색창을 활용하거나 '라이브러리'에서 학교급, 학년, 학기를 선택하여 더욱 자세하게 검색할 수 있습니다. 또한, 검색하여 나온 퀴즈를 선생님의 학급에 맞게 수정하여 학생들에게 제공도 할 수 있습니다.

ON 3. 마인드마이스터

마인드마이스터(https://www.mindmeister.com/)는 온라인 실시간 협업 마인드맵 도구입니다. 마인드마이스터도 마찬가지로 교사가 학생들에게 링크만 공유해주면 쉽게 학생들이 접속하여 활동할 수 있습니다.

마인드맵을 만들고 공유하는 방법도 매우 간단하여 교사, 학생 모두 쉽게 만들 수 있습니다. 먼저 더하기 버튼 혹은 템플릿을 선택합니다. 그 후 주제를 쓰고 '+' 버튼(+)을 눌러 가지를 만들어나가며 마인드맵을 만들면 됩니다. 학생들에게 마인드맵을 공유할 때는 '공유' 버튼(공유 ▾)을 클릭하여 링크를 생성한 뒤 링크를 공유하면 됩니다.

마인드마이스터 화면

마인드마이스터의 마인드맵 첫 화면

마인드맵 공유

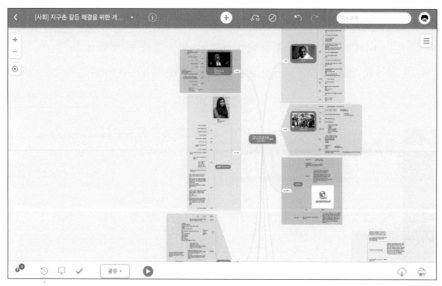

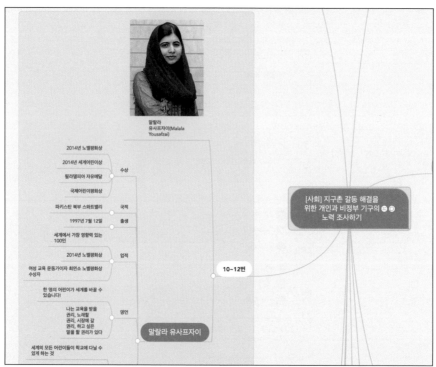

수업 사례

실시간 협업이 가능하다는 장점 외에도 만든 마인드맵을 활용하여 바로 발표까지 가능하다는 점이 다른 온라인 마인드맵 도구와 큰 차별점이라 할 수 있습니다. '프레젠테이션 설정' 버튼(🖥)을 선택하면 마인드맵의 주제에 따라 발표 화면이 자동으로 설정되어 발표 수업도 동시에 진행할 수 있습니다.

PART 3

멀리뛰기
- 교실에 온기 불어넣기 -

❶ 국어
온앤오프
온 책 읽기

수업하기 전에

- 책마다 온 책 읽기 활동은 달라질 수 있어요. 설명서를 읽고 책과 학급의 특성에 맞춰 구성합니다.
- 패들렛, 구글 프레젠테이션, 줌에 관한 기본적인 기능을 익혀둬야 합니다. 아이들과 충분히 연습 후 진행했다는 가정하에 활동을 진행합니다.
- 미리 패들렛, 구글 프레젠테이션을 만들어 두되, 모든 활동 내용을 넣기보다는 수업 진행에 따라 내용을 추가하며 진행하여 활동의 집중도를 높입니다.
- 온 책 읽기용 책을 고르는 것이 힘들 때는 참고하세요. ① 우리 아이들이 경험할 법한 일이 등장하는 책. ② 내가 읽어도 재미있는 책. ③ 아이들이 알길 바라는 내용이 담긴 책(교과 관련, 우리 동네 관련, 나의 학급운영 관련 등). 셋 중 하나를 선택하시면 실패하지 않을 수 있습니다.
- 학급의 특성에 따라 '그림책'으로 선정해도 좋습니다. 글밥이 적어 책을 읽는 부담이 없는 대신 다양한 활용 교육이 가능합니다. 한글 미해득 학생이 많거나, 책 읽을 시간이 부족하거나, 독서+α의 활동에 관심이 많을 경우 '그림책 온 책 읽기'에 도전해보시기 바랍니다.

ON&OFF 연계 Tip

- 학생의 학습 속도가 달라 개별 학습이 필요한 부분, 모두의 생각이나 의견을 표현하는 것에 목적이 있는 활동의 경우, 스마트기기, 인터넷 검색 등이 필요한 경우에는 온라인 학습으로 진행합니다.
- 현장감이 필요한 활동, 상호작용이 필요한 활동, 기본적인 독서 습관과 태도를 길러주는 활동은 오프라인으로 진행합니다.
- 온라인 학습과 오프라인 학습을 잘 섞어 학생이 책에 흥미를 느끼고 충분히 깊이 있는 독서를 할 수 있도록 설계합니다.

예시로 제시하는 『4학년 5반 불평쟁이들』(책읽는곰)은 어느 학급에서든 온 책 읽기를 하기에 좋은 동화책입니다. '4학년 5반'이라는 제목에서 알 수 있듯 교실의 이야기이기에 우리 교실과 자연스럽게 비교가 되고, 누구나 가지고 있을 법한 7가지의 불평과 부러움이 나오기에 아이들이 공감하기 쉽습니다. 마지막으로 서로 부러워하는 상황을 제시하며 누구에게나 장점과 단점은 존재하고 자신의 장점을 바라볼 줄 알자는 메시지까지 담겨 있어 아이들의 인성 교육에 좋습니다. 이처럼 온 책 읽기 수업을 할 때는 아이들이 공감하기 쉬우면서 배웠으면 하는 내용이 담겨 있는 것을 고르면 좋습니다.

ON&OFF [읽기 전 활동] 표지, 목차 읽고 내용 상상하기

읽기 전 활동은 주로 제목, 작가, 표지, 목차 등을 살펴보며 책의 내용을 상상하고, 책과 관련된 나의 배경지식, 경험 등을 생각해보는 활동이 주를 이룹니다. 내용을 정확하게 추측하는 것보다는 충분히 상상하면서 내 생각을 이야기하는 데 초점을 맞춥니다.

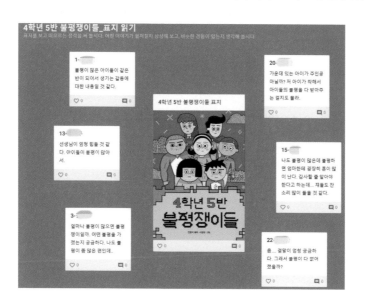

책을 읽기 전 활동 중 대표적인 활동은 '표지/목차 읽고 내용 상상하기'입니다. 온라인 수업 시에는 패들렛, 구글 프레젠테이션을 활용하여 떠오른 첫인상, 내 생각, 내 경험 등을 모두 써볼 수 있습니다. 이때 패들렛-자유형을 활용하면 마인드맵 형태로 진행할 수 있습니다. 모든 학생이 자신의 생각을 쓴 후에 비슷한 생각끼리 모아 볼 수 있습니다. 온라인 활동의 장점은 추가 수정이 자유롭다는 점입니다. 그래서 다른 친구의 생각을 보고 내 생각을 보완할 수도 있고, 실제 내용을 살펴본 후에 누구의 생각이 실제 내용과 가장 가까웠는지 알아보거나 자신의 생각이 어떻게 변화되는지를 기록할 수도 있습니다.

모든 학생이 의견을 이야기하기 위해 온라인 수업으로 진행했으나 짧은 내용을 쓰는 활동이기에 오프라인 수업에서도 구현할 수 있습니다. 오프라인에서는 표지를 살펴본 후 내 생각을 포스트잇에 정리하여 붙입니다. 포스트잇을 뗐다 붙였다 하며 비슷한 생각들을 묶어서 정리하고 친구의 생각에 포스트잇으로 댓글을 달 수 있습니다.

ON [읽기 중 활동] 인물 프로필과 인물 관계도 만들기

읽기 중 활동은 책을 깊이 있게 읽어나가는 활동입니다. 글을 읽으며 하는 모든 활동이 읽기 중 활동이 될 수 있습니다. 단어와 문장 자체를 공부하는 활동(사전 찾기, 단어 정리하기), 내용 요약하기(시간, 장소, 사건 관련하여 정리하기), 인물 프로필 만들기, 인물 간의 관계 파악하기, 읽으면서 골든벨 문제 만들기 등을 할 수 있습니다. 읽기 중 활동은 학생마다 읽기 속도의 차이가 존재하고 단어를 찾는 등 인터넷을 사용해야 하는 점, 읽어 가며 계속 수정하고 추가하는 과정이 필요하기에 온라인 활동이 적합합니다.

읽기 중 활동은 구글 프레젠테이션이 유용합니다. 구글 프레젠테이션은 동시에 모두가 작업할 수 있고, 결과물을 만들어낼 수 있습니다. 책을 읽어 가며 자신이 읽은 부분에서 얻은 정보를 정리하고, 그 정보에 대해 다른 친구가 수정, 보완해나갈 수 있다

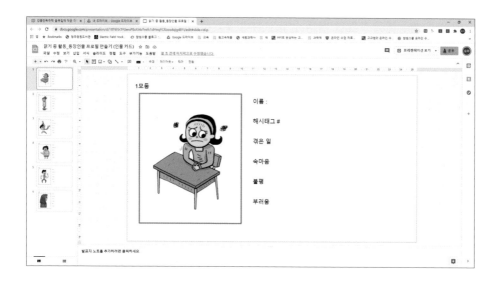

는 장점이 있습니다.

이번 예시 자료로는 인물 프로필 만들기와 인물 관계도 만들기 활동을 구글 프레젠테이션을 활용해 진행해보았습니다.

선생님은 각 인물의 프로필 페이지를 만들어주고 링크를 줍니다. 이때 아이들이 맡을 인물을 나누어주면 좋습니다. 예시 책에서는 6명의 인물이 나오기에 모둠별로 나누었으나 인물이 더 많다면 '학생 수÷인물 수'를 하여 할당해줍니다. 그리고 책을 읽어 가며 인물의 프로필을 채워 나갑니다. 유의할 점은 같은 공간에서 작업을 하다 보니 친구의 작업을 마음대로 삭제하거나 장난을 치는 학생이 생기는데, 미리 이 부분에 관해 이야기하고 교사가 지켜보고 있음을 안내해줍니다.

인물 프로필이 완성되면 줌 화면 공유하기를 통해 각 인물에 관해 정리한 내용을 발표합니다. 서로 보완할 점이 있으면 피드백을 주고받고 궁금한 점이 있으면 질문할 수도 있습니다.

그 후 다시 구글 프레젠테이션으로 돌아가 새 페이지를 만들고 인물의 관계도를 만듭니다. 이때는 관계도를 만들 사람을 지정하고 줌으로 서로 토의한 내용을 반영하여 담당자가 관계도를 만들도록 합니다.

읽기 중 활동에서 중요한 것은 수정 보완이 용이한 것인데, 오프라인 활동에서는 이점이 어렵습니다. 예를 들어, 모둠 보드에 정리한다고 하면 한 사람만 쓸 수 있고, 수정할 경우 지웠다 다시 써야 해서 시간이 오래 걸립니다. 그러나 온라인으로 진행할 경우 동시에 협업할 수 있고 피드백에 따라 바로바로 수정할 수 있습니다.

Tip. 구글 프레젠테이션의 기능 중 댓글 기능(삽입-댓글)을 활용하면 마음대로 친구의 것을 수정하지 않고 서로의 피드백 흔적을 남길 수 있습니다. 과정 중심 활동의 경우 줌 실시간 대화도 좋지만, 댓글 기능을 활용하도록 합니다. 구글 로그인을 한다면 누가 어떤 댓글을 남겼는지 확인도 가능합니다.

OFF [읽기 후 활동] 우리 반도 해 보자!

책을 읽고 난 후의 활동으로 책의 내용과 관련한 다양한 표현 활동이 주가 됩니다. 책의 내용에 따라 다르겠으나 내용 중에 문제 해결이 필요하거나, 인물의 행동에 논란이 있는 경우 토의 토론 활동, 읽고 난 후의 느낌과 감상을 다양한 방법으로 표현하기, 아이들의 마음, 생활 등이 궁금할 때는 책과 관련하여 나는 어떠한지 책을 만들어보는 창작 활동, 그 외에도 골든벨 퀴즈 풀기, 책 관련 놀이하기 등이 있습니다. 읽기 후 활동의 경우 현장성이 중요하거나, 상호작용이 필요한 활동이 많아 오프라인 활동으로 진행하면 좋습니다. 온라인 활동의 경우 모두가 다 같이 시공간 상관없이 표현할 수 있다는 장점이 있으나 능동적으로 찾아서 읽어야 하고 친구의 의견을 읽는지에 대해 꼼꼼하게 확인하는 것이 어렵습니다. 읽기 후 활동은 친구들의 생각을 살펴보고 자신과 비교해보는 것이 중요하기에 오프라인 활동을 추천합니다.

『4학년 5반 불평쟁이들』처럼 학교생활과 관련이 있는 경우에는 아이들도 관련 활동을 해보는 읽기 후 활동을 추천합니다. 책에서 불평과 부러운 사람을 익명으로 적어 발표해보는 활동을 진행했습니다. 우리 반에서도 나의 불평과 부러운 사람을 적어보는 활동을 진행했습니다. 이 활동은 온라인, 오프라인 모두 가능합니다. 오프라인의 경우 책 속 내용과 똑같이 쪽지에 자신의 불평과 우리 반에서 부러운 사람을 적어서 낸 후에 무작위로 뽑아서 읽어 보는 활동을 진행합니다. 온라인의 경우 패들렛-익명 게시를 활용하여 자신의 마음을 표현해보게 합니다. 오프라인 활동의 경우 하나씩 선생님이 뽑아서 읽어주기에 시간이 오래 걸리는 대신 아이들이 모든 친구의 이야기를 듣게 된다는 장점이 있습니다. 반면 온라인 활동의 경우 아이들이 쓰는 즉시 게시물이 드러나기 때문에 바로바로 읽을 수 있고 수업이 아니더라도 친구의 이야기를 언제든 읽을 수 있다는 장점이 있으나 친구의 이야기를 모두 다 읽지 않는 학생이 있을 수도 있다는 단점이 있습니다. 활동의 목표에 맞춰 진행하되, 아이들이 혹시 자신의 이름이 나오지는 않을까 긴장하며 집중한다는 점, 다른 친구들의 이야기를 들으며 모두가 다 불평을 가지고 있구나 공감하는 시간이 의미가 있다는 점에서 오프라인 활동을 추천합니다.

이 활동은 책 만들기 활동으로 이어질 수 있습니다. 책을 읽고 느낀 나의 이야기를 한 페이지로 만들고 그 페이지를 엮어 〈○학년 ○반 불평쟁이들〉이라는 책을 만들 수 있습니다. 자신의 불평을 공개적으로 쓰는 경우 부끄러운 부분은 드러내지 못할 수 있다는 한계점은 있으나, 자신의 불평을 공개하는 과정을 통해 용기를 얻고 친구들이 응원 댓글을 직접 달아줌으로써 부족한 점보다는 장점을 바라보게 할 수 있습니다. 이를 통해 서로 더 잘 이해하고 나 또한 나 자신을 더 사랑하고 있는 그대로 인정하는 시간을 가질 수 있습니다. 또한, 한 권의 책을 만들었다는 성취감도 느낄 수 있습니다.

깊이 있는 독서는 책과 작가와 독자가 서로 교감하고 상호작용하며 이루어질 수 있다고 생각합니다. 독서가 책을 읽는 행위이기에 오프라인에서만 가능하다 쉽게 생각하지만, 실제로 상호작용하는 과정은 온라인이 더 유용한 경우가 많습니다. 교실에서 느끼는 대부분의 한계를 극복할 수 있는 곳이 온라인이지요. 학생이 자신의 속도에 맞춰 책을 천천히 읽고 친구들과 그에 관해 이야기 나누고 필요하다면 토론하고 저자에게 연락을 하는 등의 활동을 통해 독서의 진짜 즐거움을 느끼길 바랍니다.

❷ 국어
미디어 리터러시:
우리 스스로 세우는 기준

수업하기 전에

- 미디어 리터러시 교육의 범위는 매우 넓기에 모든 것을 다룰 수 없어 그중 아이들의 삶과 가장 연계되어 있고 일반적으로 다룰 수 있는 영역을 골라 수업을 계획했습니다.
- 이 수업을 위해서 아이들 모두가 자신이 평소 사용하는 스마트기기로 온라인 수업에 접속하거나 오프라인 수업 시 휴대폰 사용 등이 필요할 수 있습니다. 미리 안내하여 준비할 수 있도록 해주세요.
- 자신의 미디어 생활을 점검하는 과정에서 자신 또는 가족의 사생활이 드러날 위험이 있습니다. 미리 발생할 수 있는 부분을 확인한 후 안내하고 사생활이라 드러내고 싶지 않은 부분은 발표하거나 보여주지 않아도 됨을 이야기해줍니다.
- 미디어 기준 세우기 토의를 할 때 가급적 아이들이 합의 하에 기준을 세울 수 있도록 하되, 특정 아이가 분위기를 주도하여 지나치게 비교육적인 기준을 만들고자 하는 경우 개입하여 어떤 부분이 잘못되었는지 안내해주고 다시 바른 토의가 되도록 방향을 바꾸어 줍니다. 이때 교사는 한 명의 구성원으로 참여할 수 있으나 결코 주도자가 되어서는 안 됩니다.
- 동시에 검색하기 위해 '포털 사이트'를 활용하는데 기본적인 인터넷 용어 등은 알고 있다는 가정하에 진행합니다. 미리 학생 진단을 통해 인터넷 활용 정도, 기본 인터넷 용어 확인 등을 진행한 후 수업해주세요.

ON&OFF 연계 Tip

- 학생의 개별 미디어 사용을 모두 담아내지 못하는 기존의 교실 속 미디어 리터러시 교육의 한계를 온앤오프 수업에서는 직접 자신의 스마트기기(컴퓨터, 휴대폰 등)를 활용해 진행함으로써 극복할 수 있습니다.
- 스마트기기를 활용할 때, 개인의 사례에 적용할 때는 온라인 수업을, 함께 모여 배운 것, 경험한 것을 나눌 때는 오프라인 수업을 적용합니다.

지금 세상은 미디어가 넘쳐나는 세상입니다. 매일 생산되는 미디어 속에서(?) 아이들은 미디어를 소비하고 생산하며 살아갑니다. 아이들의 미디어 경험은 이미 어른을 뛰어 넘고 있고, 사실 어떤 것을 소비하고 있는지를 다 알 수도 없을 정도입니다. 이런 상황에서 아이들에게 "이 영상은 좋으니 보고, 이 영상은 나쁘니 보지 마라"와 같은 말은 효과적이지 않습니다. 그래서 개별적인 사례를 판단하는 것이 아니라 스스로 판단할 수 있는 기준을 세워주기 위한 수업을 준비했습니다.

ON 우리는 검색왕 - 원하는 것을 찾는 법

자칫 알고리즘의 굴레 속에 갇혀 내가 보고 싶은 것만 보고, 보여주는 것만 습득하며 거짓, 허위 정보 혹은 편견 등을 사실이라 믿고 살아가는 것을 미리 방지하고 스스로 원하는 것을 원하는 때에 균형 있게 찾아볼 수 있게 검색하는 법을 찾는 활동을 가장 먼저 넣었습니다. 이때 중요한 것은 두 가지로 첫째는 올바른 키워드 검색을 통한 원하는 정보 찾기, 둘째는 내가 보는 모든 것을 의심하는 태도 기르기입니다.

쌍방향 실시간 수업 상황에서 모두 스마트기기와 노트 또는 활동지, 필기구를 준비합니다. 오프라인 수업의 경우에도 모두가 1인 1스마트기기를 가질 수 있다면 진행 가능합니다. 모두 검색을 진행할 사이트, 앱을 정합니다. 그것만 가지고 진행할 수 있습니다. 그 후 선생님은 질문을 던지고 아이들은 검색을 하는데, 이때 '몇 번 클릭하여 원하는 정보를 얻는가'가 평가의 대상이 됩니다. 따라서 클릭 한 번 후 노트에 체크, 다시 클릭 한 번 후 확인을 모든 아이가 동시에 진행합니다. 가장 쉽게 할 수 있는 질문은 'ㅇㅇ지역(아이들이 살고 있는 지역)의 맛집은 어디인가요?'입니다.

1단계. 검색창에 뭐라고 쓸지 생각합니다. 노트에 씁니다. 그 후 검색창에 넣습니다. 선생님이 클릭을 하라고 하면 다 같이 클릭합니다. 어떤 화면이 나왔는지 확인 후에 원하는 질문의 답을 찾았는지 묻습니다. 찾지 못했다면 나온 화면 중 하나를 선택하여 클릭하거나 혹은 키워드를 바꿔 진행합니다. 우리 지역의 맛집을 찾을 때까지 진행하며 찾은 경우 거기에서 멈추고 몇 번 클릭 또는 키워드를 변경했는지를 정리합니다.

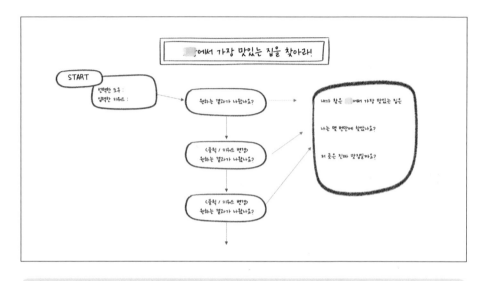

　가장 적은 클릭 횟수를 가장 빠른 검색으로 볼 수 있습니다. 클릭 횟수가 적은 사람부터 많은 사람까지 순서대로 어떤 도구를 사용해 어떤 키워드와 방식으로 검색했는지 발표하게 합니다. 시간이 없다면 클릭 횟수가 적은 2~3명과 많은 2~3명 정도를 비교해보게 합니다. 비슷한 키워드로 검색했는데 결과가 달라진 것은 무엇 때문인지, 어떤 방식으로 검색하면 원하는 정보와 점점 가까워지거나 멀어지는지 등을 자연스럽게 익힙니다. 우리 반 친구들의 키워드 검색 방법을 살펴보며 더 나은 방식을 모방하게 되는 것입니다. 단, 여기에서 중요한 것은 찾은 결과가 사실이어야 합니다.

　우리 지역의 맛집으로 정한 것은 아이들이 외식한 경험이 있기 때문입니다. 가장 빨리(적은 클릭 수로) 맛집을 찾았다고 하더라도 다수의 아이가 경험상 그 집이 맛이 없다고 느낀다면 그곳을 맛집이라고 생각해야 할까? 과연 맛집의 정의는 무엇일까? 나온 결과에서는 맛집이라고 하는데 그렇다면 모든 사람에게 그곳은 맛집인 것일까? 등 다양한 질문을 던질 수 있습니다. 이 과정에서 아이들은 미디어에 나오는 모든 것이 사실은 아니며 하나의 의견 혹은 의도가 담긴 내용임을 알아차리도록 지도합니다. 미디어 리터러시 교육의 첫걸음인 '의심하는 태도'를 심어주는 것입니다. 더 나아가 누군가에게는 사실일 수 있으나 나에게는 거짓일 수 있습니다. 내 친구에게는 맛집이지만 내 입맛과 다를 수 있기 때문입니다. 이 과정이 지나면 마치 맛집이 그러한 것처럼 미디어를 통해 접하는 모든 것이 선택된 사실, 혹은 개인의 생각, 의도된 노출일 수 있음을 알고 미디어를 보아야 한다고 말하며 정리합니다. 그리고 그런 불확실한 미디어의 세계에서 원하는 것을 정확하게 찾으려면 이 사실을 잊지 않고 기준을 가지고 판단해 나가는 노력을 게을리해서는 안 된다는 것도 잊지 않고 언급합니다.

OFF 초등학생 이하 관람 불가 – 미디어 기준 세우기

기준을 세우는 활동은 오프라인에서 진행합니다. 온라인에서 진행할 경우 실시간 쌍방향 수업을 통해 진행하는 것이 좋습니다. 오프라인에서 진행하더라도 모둠 당 하나 정도는 스마트기기를 준비하면 바로바로 예시를 보여줄 수 있습니다.

주제는 '초등학생 이하 관람 불가의 기준은 무엇일까?'입니다. 즉 초등학생인 아이들이 생각할 때 초등학생은 경험하면 안 되는 미디어의 기준을 찾아보는 것입니다.

먼저 개인의 기준을 세워 봅니다. '내가 생각할 때 이런 것은 초등학생이 보면 안 된다고 생각해!'라는 콘텐츠나 도구를 찾아봅니다. 그 후 짝과 그 내용을 나눕니다. 짝과 공통된 것에 체크합니다. 두 명이 동시에 체크했으니 이 부분은 확실히 초등학생은 경험하면 안 되는 내용이 될 확률이 높습니다. 다른 부분도 서로 살펴봅니다. 미처 생각하지 못한 부분이라면 내 것에도 써넣어 체크가 되도록 하고 서로 의견이 다르다면 왜 다른지 이야기 나눠 봅니다. 이렇게 두 사람의 의견이 모이고 나면 이제 모둠이 모여 서로 나누었던 것을 합칩니다. 이때는 빠른 진행을 위해 서로의 활동지(이미 짝끼리 체크한 활동지)를 바꾸어 보면 좋습니다. 서로 공통된 부분에 체크해줍니다. 만약 모둠원이 4명이고, 모두 똑같이 쓴 경우에는 체크가 3번 되어 있을 겁니다. 나만 동의하는 기준은 아무런 체크가 되어 있지 않겠지요. 내 생각에 꼭 필요하다 생각된다면 다른 모둠원을 설득해도 괜찮습니다. 그리고 이 과정에서 의견이 많이 갈리는 경우에는 스마트기기를 사용해 검색해볼 수 있습니다. 예를 들어, ○○채널의 경우 인터넷 용어가 너무 많이 나와서 보지 않는 게 좋겠다고 생각할 경우 그 인터넷 용어가 나쁜 뜻인지 좋은 뜻인지 등을 찾아볼 수 있습니다. 이렇게 서로의 의견을 충분히 나눈 후 모둠에서 결론 내린 〈초등학생 이하 관람 불가 기준〉을 모둠판에 써서 붙입니다. 다른 모둠의 의견을 함께 살펴본 후 이번에도 공통된 것을 세고, 많이 나온 의견부터 정리해 나갑니다. 그 후 어디까지 우리 반의 기준으로 정할지 논의합니다.(예: 6모둠 중 4모둠 이상에서 공통으로 나온 것은 기준으로 정한다 등) 이 과정을 통해 우리 반의 〈초등학생 이하 관람 불가〉 기준이 나옵니다.

내가 생각한 기준과 모둠의 기준, 반 전체의 기준은 분명 다를 것입니다. 예를 들어, '공포감을 주는 영상'의 경우 무서운 것을 잘 보는 아이들의 경우에는 기준에 넣지 않지만 무서운 것을 싫어하는 아이들은 기준에 넣고 싶을 수 있습니다. 또 다른 아이에 비해 기준이 매우 낮은 아이는 보통 일반적으로는 내가 생각한 것보다 훨씬 더 기준이 높다는 것을 인식하게 되어 자신의 미디어 생활을 자연스럽게 돌아볼 수 있습니다. 내가 생각하는 기준과 다수가 생각하는 기준의 차이를 경험하는 과정을 규칙과 법, 사회적 합의가 이루어지는 과정과 연결하여 공부할 수도 있습니다.

ON 나의 사적인 미디어 생활 : 생활 속 적용하기

우리 반이 만든 초등학생 이하 관람 불가의 기준을 가지고 이제 나의 미디어 생활을 돌아봅니다. 이것은 실제로 내가 사용하고 있는 미디어를 확인해야 하기에 온라인 수업으로 진행합니다. 실시간도 괜찮지만 과제형으로 제시한 후 점검해 본 감상을 적어 제출해도 좋습니다. 아이의 사적인 부분이 있기에 존중하여 원하는 만큼만 자신의 미디어 생활을 노출하도록 합니다. 과제는 꼭 손으로 쓴 글씨일 필요는 없습니다. 녹화한 영상, 파일 형태도 좋습니다. 이 과정에서도 역시 중요한 것은 스스로의 미디어 생활을 점검해보는 경험입니다. 미디어 생활은 아이의 사적인 영역입니다. 부모님도 선생님도 아이가 꼭꼭 숨기려 들면 그것을 다 찾아낼 수는 없을 테니 뭘 보는지 확인하고 다그치는 것이 아니라 일반적인 친구들의 기준을 통해 자신이 지금 제대로 된 미디어를 접하고 있는지를 스스로 확인해보게 합니다.

이때 교사도 함께 점검을 해보고 경험을 나누어주면 아이들이 어떻게 스스로의 생활을 점검해야 하는지 알 수 있습니다. 아마 많은 분이 유튜브나 넷플릭스 등 사용하는 영상 플랫폼의 추천하는 영상을 본 적이 있을 겁니다. 보통 사람들이 많이 보는 영상이겠거니 생각했는데, 나와 내 옆에 있는 사람에게 뜨는 추천 영상이 완전히 다르더라고요. 그때 큰 충격을 받았습니다. 추천 알고리즘 속에서 계속 내가 원하는 것만 보게 되고, 무엇보다 다른 사람들도 이런 세상을 보고 있겠거니 생각했던 것이지요. 그래서 저도 함께 미디어를 점검해봅니다.

관람 불가 기준 외에도 "선생님의 추천 영상을 보니 요즘 이런 것에 관심이 많아 검색을 해왔더니 이런 영상이 뜨는구나" 혹은 "이런 영상의 경우에는 거짓인 경우가 많아서 꼭 검색창에 뉴스를 검색해 봐야 해"와 같은 선생님의 미디어 생활 습관도 함께 알려줍니다. 아이들은 쉽게 미디어의 이야기를 믿습니다. 그리고 알고리즘을 통해 반복 재생산되는 미디어를 계속 접하며 그 생각이 한쪽으로 굳어질 가능성이 큽니다. 따라서 나의 사적인 미디어 생활은 주기적으로 반복하여 점검하고 지루하지 않게 다양한 주제와 방법(예를 들면, 이번 달은 유튜브, 다음 달은 카카오톡 등 플랫폼의 다양화 등)을 적용하여 생활 습관이 되도록 돕습니다. 그리고 이렇게 만든 습관은 그 어느 때보다 다양성이 넘치는 세상을 살아가면서 좁은 미디어 속에 갇히지 않을 수 있도록 돕는 좋은 무기가 되어 줄 것입니다.

❸ 수학
삼각형 단원 수업

수업하기 전에

- 4학년 2학기 [삼각형] 단원은 수학의 도형 영역을 대표할 수 있는 단원으로 도형 분류 활동과 조작 활동이 중요한 단원입니다. 삼각형 종류에 따른 성질을 이해하고 여러 가지 삼각형을 변의 길이와 각의 크기에 따라 분류하고자 하는 목표를 가지고 단원의 각 차시 수업이 진행됩니다.
- 온라인 수업 준비: 생활 속에서 실물 또는 인터넷 검색으로 도형을 찾아보는 활동인 '1. 생활 속에서 다양한 삼각형 찾기'와 여러 가지 삼각형을 분류해보는 '4. 다양한 삼각형 찾거나 만들어서 분류하기' 활동은 온라인 수업으로 진행됩니다. 줌 설치와 패들렛, 웹지오보드 등 사이트 접속이 필요하니 미리 읽고 준비해주세요. 패들렛과 웹지오보드는 PC와 스마트폰 환경에서 모두 접속 가능하지만, 웹지오보드의 경우 PC 환경에서 사용하는 것을 권장합니다.
- 오프라인 수업 준비: 변의 길이와 각의 크기에 따라 삼각형을 분류하고 정의하는 '2. 이 등변삼각형, 정삼각형 배우기', '3. 예각삼각형, 직각삼각형, 둔각삼각형 배우기'는 오프라인 수업으로 진행됩니다. 도형판(지오보드)을 미리 준비하면 수업에 유용하게 활용할 수 있습니다.

ON&OFF 연계 Tip

- 패들렛 링크는 미리 e학습터에 게시하거나 줌 채팅방 또는 카카오톡 단체 채팅방, 학급 SNS 등을 활용하여 실시간으로 공유합니다.
- 조사 관련 학습이 나오는 모든 교과와 단원에서 학생들이 조사한 자료를 게시하는 플랫폼으로 '패들렛'을 활용할 수 있습니다. 이는 온라인 수업에서만 활용하는 것이 아니라 오프라인 수업에서도 언제든 꺼내 쓸 수 있습니다.
- 패들렛을 '자료 조사 및 보관 공간'으로 활용할 경우 패들렛의 다양한 서식 중 '담벼락' 또는 '그리드' 양식을 선택해보세요. '담벼락' 양식을 사용한다면 빈틈없이 정렬되고, '그리드' 양식을 사용한다면 같은 줄에 있는 게시글끼리 나란히 정렬되기 때문에 학생들의 작품을 깔끔하게 나열시켜 볼 수 있습니다.
- 웹지오보드를 사용하면 오프라인에서 도형판(지오보드) 교구를 활용하는 것처럼 온라인에서도 쉽고 간편하게 삼각형을 만들어볼 수 있습니다.

ON 1. 생활 속에서 다양한 삼각형 찾기

　먼저 단원에서 배워야 할 개념을 학습하기 전에, 선수 학습 내용을 점검했습니다. 앞선 학년에서 배웠던 삼각형에 대해 생각해보고, 수학 익힘책의 '공부할 준비가 되어 있나요' 부분을 살펴봅니다. 학생들의 수준인지 파악하고 앞으로의 수업 진행이나 활동에 있어서 참고할 수 있었습니다.

　다음으로 우리 생활 속에서 삼각형 모양을 다양하게 찾아봤습니다. 줌에서 우리 주변에서 찾을 수 있는 삼각형에 대해 브레인스토밍하며 이야기를 나눈 후, 패들렛 링크를 제공했습니다. 패들렛에서는 '구글 이미지 검색 기능'을 활용해 사진을 검색하고 게시글로 게시하도록 했습니다. 직접 사진을 찍어서 올리는 방법도 설명하며 집에서 삼각형 모양을 찾아 직접 사진을 찍어 올리는 것도 가능하다고 안내했습니다. 각자 다른 공간에서 수업을 받으며 인터넷까지 사용할 수 있었기에 교실에서 찾을 때보다 더 다양한 삼각형을 찾을 수 있었습니다. 이렇게 학생들의 조사로 완성한 패들렛은 이후 온라인 및 오프라인 수업에서 삼각형 분류 활동을 진행할 때 활용할 수 있습니다.

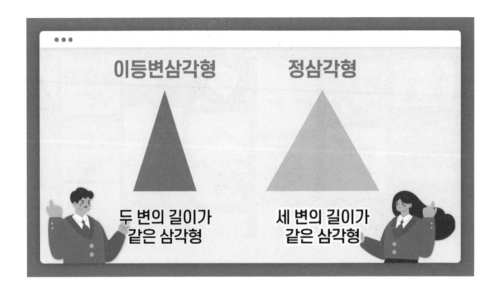

오프라인 수업에서는 교과서를 중심으로 삼각형을 변의 길이에 따라 분류하고 분류한 삼각형에 이름을 붙이는 활동을 진행했습니다. 먼저 삼각형을 어떻게 분류할 수 있는지 학생들이 직접 생각할 시간을 주었습니다. 이후에 학생들에게 '변의 길이'라는 분류 기준을 제시하고 이에 따라 세 변의 길이가 같은 삼각형, 두 변의 길이가 같은 삼각형, 변의 길이가 모두 다른 삼각형으로 분류하는 활동을 진행했습니다. 분류 활동을 마친 후에는 두 변의 길이가 같은 삼각형을 '이등변삼각형', 세 변의 길이가 같은 삼각형을 '정삼각형'이라고 부른다고 약속했습니다. 또, 정삼각형을 이등변삼각형이라고 할 수 있을지 직접 삼각형을 그려보고 색칠하는 조작 활동을 하며 생각해보았습니다. 다음 차시에서는 이등변삼각형과 정삼각형의 성질에 대해 각각 학습했고, 직접 삼각형을 그려보는 활동까지 해보았습니다. 여러 가지 삼각형을 직접 그리고 각도를 재어보며 이등변삼각형과 정삼각형의 성질을 귀납적 사고 과정에 따라 생각해볼 수 있도록 했습니다.

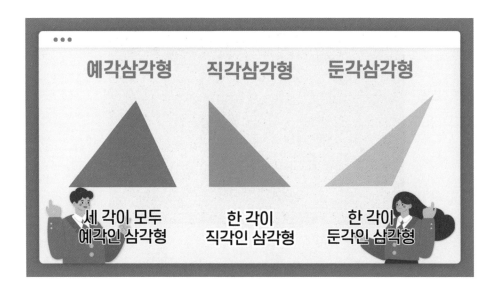

변의 길이에 따른 분류에 이어 각의 크기에 따라서도 삼각형을 분류해보았습니다. 이 또한 오프라인 수업에서 교과서를 중심으로 진행했습니다. 먼저 주어진 삼각형을 비슷한 특징을 가진 것끼리 묶는 활동을 했습니다. 분류 기준을 미리 제시하지 않고 삼각형을 어떻게 분류할 수 있을지 학생들이 직접 생각할 시간을 주었습니다. 이후에 학생들에게 '각의 크기'라는 분류 기준을 제시하고 분류했습니다. 그리고 분류한 삼각형에 이름을 붙이는 활동을 진행하여 아이들의 창의적 사고를 촉진했습니다. 활동을 마친 후에는 세 각이 모두 예각인 삼각형을 '예각삼각형', 한 각이 둔각인 삼각형을 '둔각삼각형'이라고 부르기로 약속했습니다. 직각삼각형의 경우 지난 학년에서 배운 내용이지만 한 번 더 개념을 정리하여 복습할 수 있도록 했습니다. 다음 차시에서는 도형판(지오보드)을 활용하여 예각삼각형, 직각삼각형, 둔각삼각형을 만드는 게임을 진행했습니다. 주어진 시간 동안 조건에 맞는 더 다양한 모양의 삼각형을 만드는 학생이 승리하는 방식으로 게임을 진행했습니다.

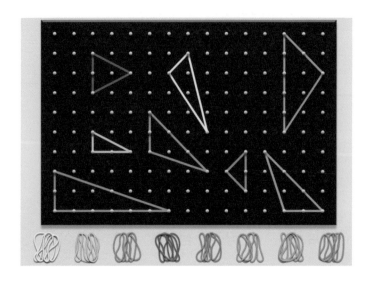

　앞서 오프라인에서 주어진 삼각형을 한 가지 기준에 따라 분류해보는 활동을 했다면, 온라인에서는 다양한 삼각형을 직접 찾거나 만들고 여러 기준에 따라 분류해보는 활동을 진행했습니다. 단원 학습을 시작할 때 패들렛에 모아둔 삼각형을 활용하여 분류하는 활동도 진행했습니다. 패들렛에 모아둔 삼각형을 분류하니 단원 학습의 시작과 끝을 연계할 수 있다는 점에서 좋았습니다. 또, '웹지오보드'를 활용하여 직접 삼각형을 만들고 분류하는 활동도 진행했습니다. 웹지오보드 활용 활동은 두 사람씩 소회의실에 묶어서 진행했는데요, '웹지오보드'와 줌의 소회의실, 화면공유 기능을 함께 사용하니 서로 분리되어 있는 공간에서도 쉽게 짝 활동이나 모둠활동을 할 수 있다는 장점이 있었습니다.

규칙 찾기 수업

수업하기 전에

- 4학년 1학기 [규칙 찾기] 단원은 수학의 규칙성 영역에 속하는 단원으로 다양한 수나 도형, 계산식의 배열에서 규칙을 찾는 것이 핵심 활동인 단원입니다. 여러 가지 배열에서 규칙을 찾아 이와 관련된 문제를 해결하고자 하는 목표를 가지고 단원의 각 차시 수업이 진행됩니다.
- 온라인 수업 준비: 학습 준비 단계의 활동인 '1. 규칙성 영역 복습 및 동기유발 퀴즈'와 학습 응용 단계의 활동인 '4. 규칙 찾기 문제 만들고 바꾸어 풀기' 활동은 온라인 수업으로 진행됩니다. 줌, 구글 문서 사이트 접속이 필요하니 미리 읽고 준비해주세요. 구글 문서의 경우 PC 환경에서 사용할 때는 사이트 주소에 접속하여 바로 편집할 수 있지만, 모바일 환경에서 사용할 경우 편집을 위해 미리 '구글 문서' 앱을 설치해야 합니다.
- 오프라인 수업 준비: 본 학습 단계인 '2. 수나 도형의 배열에서 규칙 찾기', '3. 계산식에서 규칙 찾기'는 오프라인 수업으로 진행됩니다. 규칙을 파악하며 문제를 직접 푸는 활동이 핵심인 차시이고 학생 수준에 따라 문제 풀이 속도가 다양하므로 수준별 활동지를 준비하거나 해당 차시의 문제를 여유 있게 준비하면 학생 수준에 따라 맞춤형 배움이 가능합니다.

ON&OFF 연계 Tip

- 구글 문서 링크는 미리 e학습터에 게시하거나 줌 채팅방이나 카카오톡 단체 채팅방을 활용하여 실시간으로 공유합니다.
- 구글 문서를 활용할 때는 공유 설정에 따라 참가자에게 다양한 권한을 줄 수 있습니다. 이 단원의 학습에서는 문서를 직접 작성해야 하므로 '편집 권한'을 반드시 부여해주어야 합니다. 학습을 마친 이후에는 권한을 '뷰어'로 바꾸면 더 이상 학생들이 수정할 수 없게 됩니다. 뷰어로 권한 설정한 후 학생들이 만든 문제를 교사가 확인하며 교과 평가에 활용할 수 있습니다.
- 구글 문서를 사용하기 전에 학생들에게 표나 도형을 그리는 방법이나 색깔을 바꾸는 방법 등을 간단하게 설명해주면 학생들이 더욱 다채로운 문제를 만들 수 있습니다.
- 교사가 미리 여유 있게 준비한 규칙성 문제는 온라인과 오프라인 모두에서 유용하게 활용할 수 있습니다.

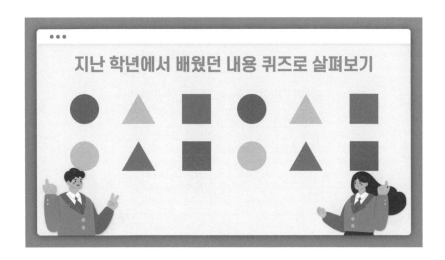

　단원에서 배워야 할 개념이나 내용을 다루기 전에, 선수학습 내용을 점검하는 시간을 먼저 가졌습니다. 앞선 학년에서 배웠던 규칙 찾기 수업에 대해 생각해보고, 수학 익힘책의 '공부할 준비가 되어 있나요' 부분을 살펴보았어요. 또, 생활 속에서 규칙을 발견한 경험이 있는지, 규칙적으로 배열된 수나 도형을 어느 곳에서 찾을 수 있는지 이야기해보았습니다. 이 활동을 통해 학생들이 어느 정도 선수학습 개념이나 배경지식을 가지고 있는지 파악하고 앞으로의 수업 진행이나 활동 준비에 참고할 수 있었습니다. 이어서 줌의 화면공유 기능을 활용해 더욱 다양한 규칙 찾기 문제를 간단한 퀴즈 형태로 풀어보았습니다. 줌을 활용해 문제를 풀면 DM 기능으로 교사만 보이도록 답을 쓸 수 있어서 수업에 참여하는 학생 모두에게 답할 기회가 주어진다는 장점이 있어요. 또, 하나의 문제를 보고도 다양한 답변이 나올 수 있기 때문에 학생의 창의적 사고를 촉진할 수 있습니다.

수나 도형의 배열에서 규칙 찾기

	101	102	103	104	105	106	107	108	109
11	1	2	3	4	5	6	7	8	
12	2	4	6	8	0	2	4		
13	3	6	9	2	5	8			
14	4	8	2	6	0				
15	5	0	5	0					
16	6	2	8						
17	7	4							
18	8								
19									

　　오프라인 수업에서는 교과서를 중심으로 주어진 수나 도형의 배열에서 규칙을 찾는 활동을 진행했습니다. 먼저 수의 배열부터 살펴보았는데요, 수배열표나 생활 속에서 찾을 수 있는 수의 배열에서 규칙을 찾아보는 활동을 진행했습니다. 정해져 있는 규칙을 찾는 것이 아니라 하나의 배열을 보고도 다양한 규칙을 찾아보도록 하여 학생들의 확산적 사고를 촉진할 수 있습니다. 활동을 마칠 때는 앞서 살펴본 문제들을 참고하여 수의 배열을 활용해 간단한 문제를 만들어보도록 했습니다. 이를 통해 오프라인 수업과 이후에 온라인에서 진행할 수업이 연계될 수 있도록 했습니다. 다음으로는 도형의 배열에서 규칙을 찾는 활동을 진행했습니다. 도형의 개수나 모양, 기준이 되는 도형의 위치 등을 살피며 일정한 규칙을 찾고 문제를 해결했습니다. 이 또한 활동을 마칠 때는 앞서 살펴본 문제들을 참고하여 도형의 배열을 활용한 문제를 만들어보도록 하며 온라인과 오프라인 수업이 연계될 수 있도록 했습니다.

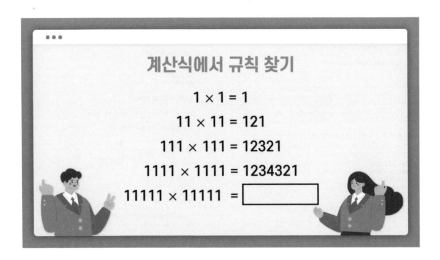

계산식에서 규칙 찾기

$1 \times 1 = 1$

$11 \times 11 = 121$

$111 \times 111 = 12321$

$1111 \times 1111 = 1234321$

$11111 \times 11111 = \boxed{}$

　　수나 도형의 배열에서 규칙을 찾는 활동에 이어, 계산식에서 규칙을 찾는 활동 또한 교과서를 중심으로 오프라인에서 진행했습니다. 먼저 규칙적인 덧셈식과 뺄셈식을 직접 만들어보는 활동, 주어진 식에서 규칙을 파악하고 식의 빈칸을 채우는 활동 등을 진행했습니다. 식을 다루는 활동은 수나 도형에 비해 어렵기 때문에 학생들이 친숙하게 느낄 수 있도록 덧셈이나 뺄셈과 같은 간단한 연산부터 접근했습니다. 다음으로는 달력에서 규칙을 찾는 활동, 책 번호의 배열에서 규칙을 찾는 활동, 곱셈식, 나눗셈식에서 규칙을 찾아보는 활동 등을 진행했습니다. 또, 학생들이 찾은 실생활 속 사례까지 활용하여 규칙 찾기 문제를 풀어보았습니다. 앞선 차시들과 마찬가지로 활동을 마칠 때는 본 차시에서 살펴본 문제들을 참고하여 계산식을 활용한 규칙 찾기 문제를 만들어보도록 했습니다. 이를 통해 오프라인 수업과 이후의 온라인 수업이 연계될 수 있도록 했습니다.

4. 규칙 찾기 문제 만들고 바꾸어 풀기

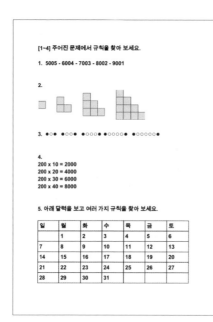

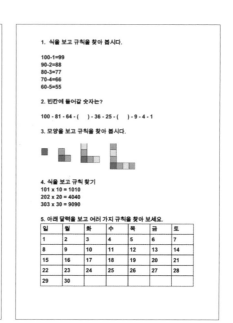

　　앞서 오프라인에서 학습한 내용을 바탕으로 온라인에서는 다양한 규칙 찾기 문제를 직접 만들어보고 바꾸어 푸는 활동을 진행했습니다. 모둠별로 모여서 함께 협동하며 수, 도형, 계산식과 관련된 문제를 각각 1가지 이상씩 만들어 총 5문제를 만들도록 했습니다. 모둠활동은 줌의 소회의실 기능을 활용했고, 구글 문서를 모둠별로 하나씩 만들어 모둠원끼리 협업이 가능하게 했습니다. 문제를 바꾸어 풀어보고 잘못 출제한 문제에 대해 함께 이야기도 나누어보고 모둠에서 찾은 규칙 이외에 또 다른 규칙을 찾을 수 있는지도 살펴보았습니다. 학생들이 직접 문제를 만들고 그 문제를 풀어보니 다양한 문제를 살펴볼 수 있어 좋았고, 친구가 낸 문제를 풀기 때문에 더 흥미를 느낀다는 것을 확인할 수 있었습니다. 또, 별도의 지필평가 없이 이 활동으로 평가를 대신할 수 있다는 장점도 있었습니다.

❺ 사회
연표 만들기와 인물 탐구하기

수업하기 전에

• 갑자기 맞닥뜨린 역사 수업에 학생들은 크게 두 부류로 나뉘는데, 하나는 역사를 어릴 때부터 좋아해서 역사에 관한 지식이 많은 학생과, 역사를 별로 좋아하지도 않고 역사에 관한 상식이 풍부하지 못한 학생입니다. 역사를 잘 아는 학생을 가르칠 때는 어디까지 설명해야 할지 난감할 때가 있으며, 역사를 잘 모르는 학생을 지도할 때는 학습에 대한 스트레스를 주지 않기 위해 어느 범위와 수준까지 설명해야 할지 난감합니다. 따라서 크게 ① 세세한 역사적 사건보다 큰 흐름을 알려준다. ② 역사적으로 중요한 인물에 대해서는 확실하게 가르친다. 이 두 가지 목표를 가지고 수업을 준비하면 더 좋습니다.

• 온라인 수업 준비: 수업을 시작하기 전에 패들렛에 대해 안내해줍니다. 회원 가입부터 게시물에서 글과 적절한 자료를 검색하여 작성하기 등의 자신의 의견을 표현하는 방법과 다른 친구들 혹은 교사의 의견에 좋아요 버튼을 누르는 방법과 댓글 작성하기 등의 의사소통 하는 방법에 대한 사전 안내 및 지도가 필요합니다. 그리고 자료 검색에 따른 저작권 교육에 대한 사전 지도가 필요하며, 디지털 리터러시가 부족한 학생에게는 정보를 검색하는 방법도 지도합니다.

• 오프라인 수업 준비: 내용을 정리하는 방법을 알려주면 좋습니다. 이를 위해 2학기 국어(가) 3단원에서 '찾은 자료를 정리해 알기 쉽게 표현하기'를 먼저 학습하는 것을 추천합니다. 국어 교과서에 나온 정리 방법을 요약하면 크게 3가지로 나누어볼 수 있습니다.
1. 가장 중요한 정보는 간단하게 요약한다.
2. 중요한 정보는 글만 제시하기 보다는 사진이나 그림으로 나타낸다.
3. 간단하게 보려면 차례나 단계로 나타내거나 도표로 나타낸다.

ON&OFF 연계 Tip

• 패들렛을 사용할 때는 꼭 구글 크롬을 사용하여 활동할 수 있도록 안내했습니다.
• 오프라인에서 (국어 5-2(가) 3단원) '찾은 자료를 정리해 알기 쉽게 표현하기'를 먼저 공부한 후 교과서의 내용을 정리하게 합니다. 자료 정리가 어려운 학생은 온라인에서 '마인드마이스터'와 같은 마인드맵 프로그램으로 활용하여 내용을 정리할 수 있게 지도하면 좋습니다.
• 온라인 수업에서 학생들의 과제 해결 속도가 차이날 수 있기 때문에, 활동지 파일이나 종이를 미리 보낸 후 집에서 작성해오게 하여 충분한 시간을 제공하는 것이 좋습니다.

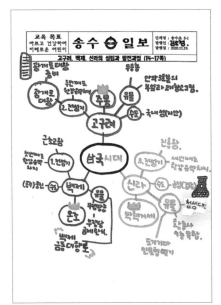

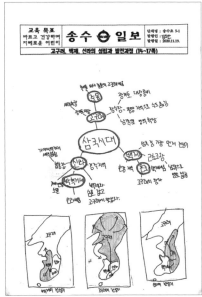

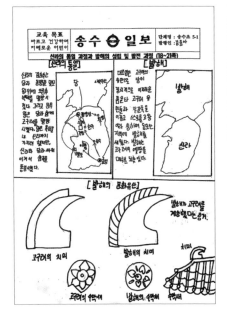

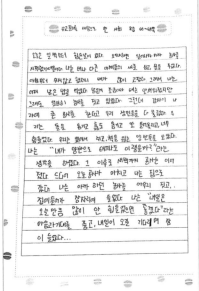

사회 5학년 2학기에 나오는 역사 파트는 이전 교육과정에 비해 내용이 많이 축소되어있습니다. 그래서 방대하고 함축적인 교과서를 크게 1. 지도를 바탕으로 정리하기 2. 그림과 생각그물을 활용하여 내용 정리하기 3. 그 시대에 살고 있다고 생각하면서 시절 일기를 작성해보기의 3가지 방법으로 나누어볼 수 있습니다. 지도와 관련된 역사 차시는 지도를 최대한 활용하여 내용을 정리하게 했습니다. 예를 들면, 신라의 삼국통일 그리고 강동 6주의 회복 등이 있는데, 이 부분은 어떤 글과 그림보다 지도로 정리하는 것이 더 효과적이라고 생각했기 때문입니다.

그다음으로 사회 5-2 18쪽부터 나와 있는 '신라의 통일 과정과 발해의 성립 및 발전 과정을 알아봅시다'를 정리한 내용을 살펴보겠습니다. 교과서 안의 많은 내용을 크게 '통일신라'와 '발해'의 지도로 나누어 요약하여 설명했고, 필요에 따라서 그림을 추가로 그려 넣어 교과서의 내용을 직관적으로 파악하게 했습니다.

마지막으로 '그 시대 사람에 빙의되어 시대 일기 쓰기' 활동을 했습니다. 다음은 사회 5학년 2학기 교과서 66쪽부터 나와 있는 '유교질서를 바탕으로 한 사회 모습을 알아봅시다'를 복습한 후 아침 자습 시간에 한 일기 쓰기 활동입니다. 활동하기 전에 학생들에게는 '마치 조선 전기에 살고 있다고 상상을 먼저 해보고 그다음 교과서에 나온 내용을 실제 생활에 접한다고 느껴보면서 그때의 기분을 가지고 일기를 써보라고 지도했습니다.

ON 2. 온라인 학습 연표를 만들고 의사소통하기

앞서 활동한 '1. 다양한 방법으로 교과서의 내용 정리하기'의 산출물들을 모아서 온라인으로 자료를 정리하는 활동입니다. 패들렛의 '셀프' 유형을 이용하여 만들었는데, 컬럼별로 교과서의 차시명을 적고 이를 바탕으로 해당되는 자료들을 무료 폰 스캐너 앱을 사용하여 보정한 후, 업로드하여 가독성을 높였습니다. 여기서 자료는 교사가 업

로드할 수도 있으며, 오프라인 수업에서 완성을 다 하지 못한 학생은 집에서 완성 후에 학생 스마트폰으로 스캔한 후에 패들렛에 업로드 하는 방법을 알려주면 학생들 간의 학습 격차를 해소할 수 있습니다. 패들렛을 사용하면 1. 학생들이 패들렛에 회원가입 혹은 로그인이 필요없이 '좋아요' 같은 공감 기능과 댓글 기능을 사용할 수 있고, 2. 스마트폰으로도 쉽게 어디서든지 확인해볼 수 있다는 장점이 있습니다. 이를 바탕으로 학생들과 온라인 수업에서 친구들과 자신이 만든 자료를 연표 형식으로 보여준후, 본인이 작성한 게시글을 친구들의 정리물과 비교하여 공감하고 댓글로 소통할 수있습니다.

ON 3. 역사 인물이 되어 SNS에 피드 남기기

학생들은 인물을 학습할 때 주로 그 인물들의 업적을 기억하는 것에 초점을 둡니다. 하지만 이런 학습은 지식적인 측면에만 몰두하기 때문에 학생들이 인물들에게 감동을 받기는 쉽지 않습니다. 그래서 그 탐구하고자 하는 인물의 입장에서 학생들이 친숙하다고 여기는 SNS에 피드를 남겨보는 활동을 추천합니다. 정방형의 화면에 올릴

이순신의 노량해전

감신정변에 참여해주세요.

1/3

좋아요 111,782개
Ok_Kyun25 감신정변에 참여해주세요.
새로운 조선을 만듭시다!
#갑신정변 #사랑_조선 #쿠데타
댓글 5,343개 모두 보기
번역 · 번역보기

\# 일본군의 총알이 가슴에...
#싸움이 급하니 나의 죽음을 알리지 말거라.
#이것이 나의 마지막 전투이군. 그래도 이겼다니 기쁘군.
12척의 배로 학익진 전법을 사용하고 바다의 흐름까지 읽다니!
#이제는 일본군이 우리나라를 침략을 하지 않겠지?

출처 : https://blog.naver.com/fajade/80016865141

자료는 저작권에 대해 가르친 후 출처를 남기며 자료를 사용하거나 본인이 직접 그리게 할 수 있습니다. 게다가 해쉬태그를 사용하면 인물에 대한 키워드를 학생 스스로 찾아보게 할 수 있으며, 1인칭의 시점으로 글을 남기기 때문에 시대 상황이나 인물에 대해 느낄 기회를 제공하게 됩니다.

OFF   4. 역사 인물에게 감사편지 작성하기

앞서 '3. 역사 인물이 되어 SNS에 피드 남기기'는 인물의 시점에서 글을 작성해보는 활동이었다면, 이번 활동은 학생의 시점에서 인물에게 감사함을 느끼게 하는 기회를 제공합니다. 과거의 인물이지만 현재에 살고 있는 우리들에게도 어떤 긍정적인 영향을 끼치고 있는지, 현재 시대의 인물들과 비교하면 어떤 점이 다르고 비슷한지 등을 생각해볼 수 있는 활동이기 때문에, 학습 후에 학생들은 인물에 대한 감사함도 느낄 수 있을 뿐만 아니라, 단순히 업적만 공부했던 지난 학습법에 비해 다양한 각도로 인물을 탐구할 수 있습니다.

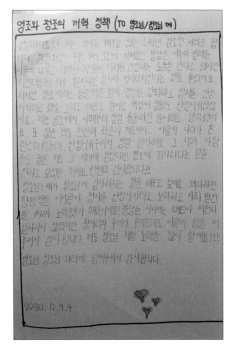

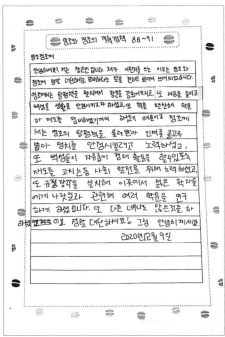

패들렛으로 하는 세계 여행과
역사 지도 만들기

수업하기 전에

- 6학년 사회 교육과정을 살펴보면 '여러 시각 및 공간 자료를 활용하여 세계 주요 대륙과 대양의 위치 및 범위, 대륙별 주요 나라의 위치와 영토의 특징을 탐색한다'라는 성취기준이 있습니다. 하지만 현재 코로나19로 학생들이 모여서 프로젝트를 준비하여 발표하기가 어려워졌습니다. 이에 따라 오프라인뿐만 아니라 온라인과 연계하여 이 수업을 충분히 할 수 있는 사례를 제시하고자 합니다.
- 온라인 수업 준비: 수업을 시작하기 전에 패들렛 사이트에 대해 안내해줍니다. 회원 가입부터 게시물에서 글과 적절한 자료를 검색하여 작성하기 등의 자신의 의견을 표현하는 방법과 다른 친구들 혹은 교사의 의견에 '좋아요' 버튼을 누르는 방법과 댓글 작성하기 등의 의사소통 하는 방법에 대한 사전 안내 및 지도가 필요합니다.
- 오프라인 수업 준비: 사회 6학년 2학기의 '세계 여러 나라의 자연과 문화' 단원에서 지구본과 종이지도를 학습하기 위해 사회과 부도는 학생들이 각자 준비할 수 있게 사전 안내를 하며 교사는 지구본을 많은 학생이 효율적으로 살펴볼 수 있게 준비해 놓습니다.

ON&OFF 연계 Tip

- 패들렛을 사용할 때는 꼭 구글 크롬을 사용하여 활동할 수 있도록 안내합니다.
- (사회 6-2 P.10) '세계지도, 지구본, 디지털 영상 지도의 특징을 알아봅시다' 차시에서 오프라인에서 세계지도와 지구본의 특징을 알아본 후, 온라인에서 디지털 영상 지도의 특징을 알아보게 하면 좋습니다.
- (사회 6-2 P.24) '세계 여러 나라의 면적과 모양을 살펴봅시다' 차시는 오프라인에서 사회과 부도(세계지도)와 지구본을 이용해 먼저 알아보고, 온라인에서는 복습 겸 다른 정보를 찾게 하면 더 좋습니다.
- (사회 6-2 P.31) '세계지도, 지구본, 디지털 영상 지도를 활용하여 세계 여러 나라를 소개해봅시다' 차시를 학습할 때, 오프라인에서는 사회과 부도와 교과서 32, 33쪽의 예시를 살펴본 후, 모둠을 편성합니다. 그 후에 온라인에서 협동학습으로 소개 자료를 만들어 결과물을 학생들에게 보여주면 좋습니다.
- 역사 지도를 만드는 활동은 먼저 오프라인에서 지도 위주로 내용을 정리한 후에, 온라인에서 패들렛을 활용하여 현재의 위치를 검색해보며 자료를 찾아보게 함으로써 학습한 내용을 심화학습 할 수 있게 하면 좋습니다.

　사회 6학년 2학기 교과서의 10쪽부터 나오는 '세계지도, 지구본, 디지털 영상 지도의 특징을 알아봅시다'를 학습할 때, 크게 세계지도와 지구본은 오프라인 교실에서, 디지털 영상 지도의 특징은 온라인 교실에서 다루었습니다. 학생들은 종이보다 디지털 매체로 자료 및 정보를 검색하는 것에 훨씬 친숙하기 때문에, 세계지도와 지구본으로 먼저 살펴본 후에 디지털 영상 지도를 알아볼 수 있게 차시를 구성했습니다. 세계지도는 위도와 경도 등 기본적인 지도를 보는 방법을 살펴본 후 사회과 부도를 활용하여 학습했으며, 지구본은 최대한 많은 학생이 학습할 수 있도록 많이 준비해서 필요한 부분 위주로 살펴보았습니다. 그리고 디지털 영상 지도는 사용 시 지켜야 할 수칙 및 유의사항을 등교 수업에 충분히 설명한 후에 패들렛 사이트 접속 방법, 게시글을 추가 방법 및 댓글, '좋아요' 버튼을 누르는 의사소통 방법을 시범수업으로 지도한 후에 진행했습니다. 세계지도와 지구본을 먼저 학습하고 그다음 디지털 지도로 학습을 했기 때문에, 디지털 지도의 장점을 세계지도, 지구본과의 차이점을 비교하면서 지도했으며, 단순히 내용 전달을 하는 것이 아니라 미션을 제공하고 그 결과물을 친구들끼리 공유하는 시간을 마련하여 오프라인 못지않은 의사소통의 기회를 주었습니다.

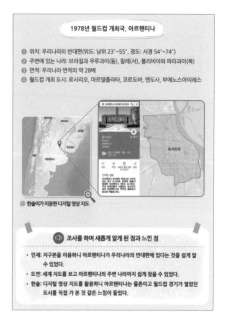

 사회 6-2 교과서 31쪽에 '세계지도, 지구본, 디지털 영상 지도를 활용하여 세계 여러 나라를 소개해봅시다' 단원을 배우면서 활용이 가능한 활동입니다. '1. 세계와 대륙 알아보기'에서는 디지털 영상 지도가 무엇인지에 대해 알아보고 이에 대한 기본 기능을 익혔다면, 이번 활동에서는 구체적으로 본인만의 산출물을 만들어보는 응용 단계라고 볼 수 있습니다. 먼저 교과서에 나와 있는 예시를 꼼꼼하게 학생들과 살펴보며 어떻게 소개해야 하는지를 충분히 안내합니다. 그다음 조사하고 싶은 나라에 대해 패들렛으로 설문하여 최대한 겹치지 않게 나라를 분배합니다. 분배가 완료되면 패들렛, 구글 지도와 같은 디지털 영상 지도로 나라에 대해 조사하는 방법을 한 번 더 알려준 뒤, 구글 클래스룸, 네이버 밴드와 같은 LMS에 한글 파일 등의 활동지를 제공하여 보고서를 완성할 수 있도록 지속적인 피드백과 시간을 제공하여 결과물을 완성할 수 있

게 지도합니다. 디지털 영상 지도만 사용하는 것이 아니라 등교 수업에서 같이 살펴보았던 세계지도(사회과 부도)를 충분히 활용할 수 있도록 안내합니다.

ON **3. 코로나 이후의 여행지도 만들어보기**

앞서 언급한 '1. 세계와 대륙 알아보기'와 '2. 패들렛으로 세계 여러 나라를 소개해보기' 이후에 최종 정리 단계로 할 수 있는 활동입니다. 이전 활동은 디지털 영상 지도 및 세계지도를 비교해보면서 나라의 기본 정보에 대해 살펴보았다면, 이번 활동은 마치 여행 계획을 짜듯이 본인이 가보고 싶은 나라들을 위주로 프로젝트를 할 수 있는 활동이므로 학생들의 반응을 최대치로 끌어낼 수 있습니다.

먼저 패들렛의 '지도' 유형을 교사가 만들어 학생들이 실시간으로 가보고 싶은 나라에 핀을 지정한 후, 국어 시간에 배운 '주장과 근거를 들어 자신의 의견을 말할 수 있다' 성취기준을 활용하여 게시글을 논리정연하게 작성하게 합니다. 작성 후 줌 수업에서 친구들이 적은 게시글을 같이 살펴보면 국어 공부에도 도움이 될 뿐만 아니라 댓글과 '좋아요' 기능을 통해 의사소통을 할 수 있습니다. 이후에 구글 클래스룸이나 네이버 밴드와 같은 LMS에 활동지를 제공하여 구체적인 동선과 실제 여행계획 짜기와 흡사한 '코로나 이후의 여행 계획표'를 작성하게 하여 활동을 마무리합니다.

ON 4. 역사 지도 만들기

마지막 활동으로 세계 여행에 사용되었던 패들렛이 역사 공부에도 사용될 수 있습니다. 패들렛의 '지도' 유형을 사용하면 현재 시대의 정보뿐만 아니라 역사 공부와 관련된 방대한 자료를 활용할 수 있습니다. 예를 들면, 진흥왕이 신라의 영토 경계를 알려주고자 세운 순수비가 있는 지역을 직접 검색하여 지정한 후 관련된 자료를 조사하다 보면, 옛 지역인 줄만 알았던 곳이 실제로 이렇게 우리와 살아 숨 쉬고 있음을 깨달을 수 있기 때문에 역사의 과거와 오늘을 이어주는 중요한 역할을 할 수 있습니다. 단순히 과거에 있었던 일이라고 생각하여 현재와 연관 지어서 생각을 하기 어려운 학생들에게 현재의 지명으로 검색하고 관련된 자료를 찾아보는 활동은 역사에 대한 다양한 관점을 제공할 수 있습니다. 또한, 패들렛에 게시물을 연결하는 기능을 활용하여 강동 6주 및 고려. 백제. 신라의 영토 확장 등 다양한 사건들을 시각적으로 표현할 수 있습니다.

생활 속 적정기술을 활용한
온앤오프 연계 과학 수업

수업하기 전에

- 과학 수업의 꽃은 실험입니다. 과학실에서 실험복을 입고 실험도구를 직접 조작하며 탐구를 하는 과정은 과학자가 직접 되어보는 경험을 갖게 합니다. 따라서 온앤오프 연계 과학 수업을 구성할 때도 최대한 학생들이 직접 탐구해보고 실험해볼 수 있는 경험을 갖는 것이 중요합니다.
- 온라인 수업 준비: 구글 프레젠테이션과 구글 잼보드의 기능을 익힐 수 있도록 실습을 충분히 해보는 것이 좋습니다. 학생들이 자료를 만들기 어려워하거나 기능적으로 미숙한 학생들은 다른 친구들과 모둠을 이루어 협동하는 과정을 겪을 수 있도록 합니다.
- 오프라인 수업 준비: 코로나19 상황과 같이 감염병 위험 상황에서는 과학 실험 도구를 만지거나 조작하는 것이 어려울 수 있습니다. 이에 따라 교사가 시범적으로 실험할 수 있도록 준비하는 것이 중요하고 줌에서 스마트폰 화면공유를 통해 실시간으로 보여주는 것도 좋습니다.

ON&OFF 연계 Tip

- 학교에 있는 과학 도구들은 집에서 구하기 어렵고 가격도 비쌉니다. 가정에서 쉽게 할 수 있는 과학 실험을 유튜브에서 검색하여 연계하는 것도 좋은 방법이고 적정기술과 같이 가격이 저렴하면서도 실생활에 유용한 도구를 활용하면 학생들이 온라인 수업 환경에서도 쉽게 실험 및 탐구를 할 수 있습니다.
- 에듀넷과 KERIS에서 개발한 〈실감형 콘텐츠〉 앱을 활용하면 과학 수업에 나오는 실험을 VR 체험 형식으로 실험할 수 있습니다. 가상현실(VR)을 구현하여 제작한 앱이기 때문에 학생들이 실감 나게 체험이 가능합니다.
- 과학 토론 활동은 원격 수업과 대면 수업에서의 차이가 클 수 있습니다. 이를 위해 쌍방향 수업에서는 줌의 소회의실 기능을 적극적으로 활용하여 주장과 근거를 다양하게 수집하면 좋습니다.

6학년 1학기 〈4. 식물의 구조와 기능〉 단원에는 현미경을 통해 식물의 세포를 관찰하는 차시가 있습니다. 학생들에게 평소에 사용해보지 못했던 과학 실험 도구를 사용하는 경험은 매우 중요합니다. 하지만 코로나19 상황과 같이 사용에 제약이 있는 경우에는 다른 방법이나 도구를 활용하여 수업을 구성해야 합니다. 위 단원에서 식물을 관찰하기 위해 적정기술을 활용한 종이현미경을 사용했습니다.

첫 번째 차시에는 적정기술이 무엇인지 학생들과 함께 인터넷으로 조사해보는 활동을 구성했습니다. 구글 프레젠테이션으로 학생들의 슬라이드를 개별적으로 만들어주고 여기에 학생들이 들어와 인터넷 검색으로 조사한 자료를 올리고 꾸미는 것으로 적정기술에 대한 이해를 스스로 할 수 있도록 했습니다. 이렇게 조사한 자료는 교사의 화면공유를 통해 학생들이 직접 발표할 수 있도록 기회를 주었고 발표 이후 적정기술이 무엇인지, 그리고 우리 생활에서 사용하는 사례를 같이 살펴보았습니다. 그리고 다음 차시에 활용할 종이현미경(폴드스코프)을 소개하는 것으로 차시를 마무리합니다.

  적정기술을 알아본 뒤에는 적정기술의 한 사례인 종이현미경(폴드스코프)으로 세포를 관찰해보는 수업을 합니다. 온라인 수업으로 진행하는 것도 좋은 방법인데 학생들이 종이현미경을 제작하기 위해서는 교사가 실시간으로 제작하는 과정을 보여주면 좋습니다. 학생들 모두 올바른 제작 방법으로 실험을 하기 위해서는 등교 수업, 대면 수업에서 제작해보면 좋습니다. 제작 과정에 따라 종이현미경을 제작하면 주변의 식물들의 잎을 관찰하거나 양파 표피세포를 관찰해보도록 합니다. 이때 주의해야 할 점은 광학현미경을 사용하여 세포를 관찰할 때와 마찬가지로 잎의 뒷면을 벗겨내어 관찰하거나 양파의 얇은 표피를 떼어내어 관찰할 수 있도록 해야 합니다.

  종이현미경의 장점 중의 하나는 광학현미경과 마찬가지로 스마트폰으로 세포를 촬영할 수 있다는 점입니다. 스마트폰을 렌즈에 대고 촬영을 한 사진들을 구글 설문 또는 구글 드라이브, 패들렛으로 취합하여 다른 친구들이 촬영한 세포 사진을 비교해보도록 합니다. 그리고 실제 눈으로 관찰했을 때와 스마트폰으로 촬영한 세포의 차이를 함께 이야기 나누고 더 자세하게 세포를 관찰하기 위해서 필요한 방법에 대해 이야기하면 좋습니다.

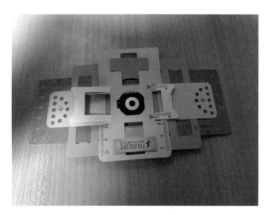

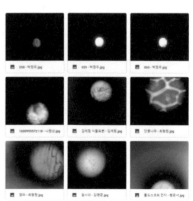

OFF   3. 광학현미경으로 세포 관찰하기

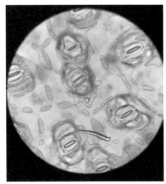

종이현미경으로 세포를 관찰하면서 장점, 관찰하기 어려운 점을 서로 이야기해보았으면 이제 광학현미경으로 세포를 관찰할 수 있도록 합니다. 하지만 과학 실험 도구를 학생 개인마다 제공하기 어렵고 감염병 위기 상황에서는 실험 도구 활용에 제약이 있습니다. 이때 교사의 시범 실험을 통해 학생들과 수업을 진행할 수 있습니다.

먼저 광학현미경의 부분별 명칭을 실물로 알아본 다음, 올바른 광학현미경 사용 방법에 따라 세포를 관찰해봅니다. 이때 종이현미경으로 세포를 관찰하는 과정을 비교해보면 좋습니다. 또한, 광학현미경도 스마트폰으로 세포 촬영이 가능하며 광학현미경의 조동나사와 미동나사를 통해 초점을 맞추어 촬영을 하고 학생들에게 컴퓨터로 보여줍니다. 이때 대면 수업이지만 패들렛에 스마트폰으로 찍은 세포 사진을 올려주고 다양한 세포의 모습과 세포의 특징을 댓글이나 게시글로 달아볼 수 있도록 하는 방법도 좋습니다.

이처럼 과학 수업에서는 학생들이 직접 조작하여 실험을 하지 못한다면 교사의 시범 실험을 활용할 수 있습니다. 에듀넷과 KERIS에서 제작한 〈실감형 콘텐츠〉 앱을 통해 학생들이 VR 체험으로 과학 실험을 할 수도 있으니 활용하면 더욱 좋습니다.

나만의 적정기술 만들기

5. 나만의 적정기술 발명품

1) 동기
와카워터의 단점을 개선하기 위해 이 발명품을 구상하게 되었다.

2) 발명품 설명
저는 제가 구상한 발명품을 '베이비 와카워터'라고 명명하였습니다. 이 발명품이 기존의 와카워터와 다른 점은 크기입니다. 와카워터보다 크기를 작게하여 휴대를 가능하게 한것 입니다. 재료와 모양, 원리는 기존 와카워터와 동일합니다. 베이비와카워터 아래쪽에 작은 물병이 달려있어 물을 저장할 수 있습니다. 아래 달려있는 물병은 기존 물병의 뚜껑을 돌려빼는 방식으로 베이비와카워터와 분리할 수 있습니다. 크기가 작기 때문에 휴대가 편리하고 또 냉장고(팟인팟)에 베이비 와카워터를 넣다가 빼기만 하면 일교차에 상관없이 물을 생산할 수 있다.

3) 적용된 원리
(1) 액화 원리 : 따뜻한 수증기가 차가운 온도를 만나면 열을 방출하면서 작은 물 알갱이가 된다.
(2) 빗면의 원리 : 기존 물병에서 뚜껑을 돌려빼는 원리로 빗면모양이 적용되 힘을 적게 들일 수 있다.

<베이비와카워터>

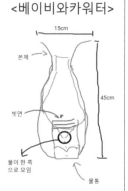

지금까지 적정기술 중 하나인 종이현미경을 사용하여 식물의 세포를 관찰했다면 마무리 차시는 그동안 배운 적정기술의 사례를 응용한 나만의 적정기술을 설계해보는 수업을 구성했습니다. 이때 학생들은 앞서 배웠던 종이현미경과 광학현미경의 비교를 통해 장단점을 확인했고 이를 통해 어떠한 부분을 보완하면 좋을지 친구들과 이야기를 해보는 기회를 가집니다. 그리고 이를 보완한 나만의 적정기술을 설계해보도록 합니다.

구글 잼보드는 이러한 과제를 수행하는 데 활용하기 좋습니다. 그리기, 글쓰기, 이미지 삽입하기 등 다양한 기능을 활용하여 나만의 적정기술을 설계해봅니다. 이때 학생들의 수준차를 고려하여 모둠별로 모여 하나의 설계를 완성해도 좋습니다. 또한, 기존에 있던 적정기술의 사례와 그곳에 적용된 원리를 다시 조사해보고 여기서 더 개선하고 싶은 기능을 생각하여 설계하도록 합니다. 이렇게 설계를 완성하게 된다면 공유를 통해 모둠별로 발표해보고 동료평가를 통해 수업을 마무리합니다.

ON   5. 과학 주제 토론하기

 과학 수업에서 학생은 직접 자료를 조사해보기도 하고 실험 도구를 조작하기도 하며 다양한 탐구 과정을 통해 과학자의 경험을 하게 됩니다. 여기서 조금 더 나아가 과학적 사고와 의사소통 기능을 다듬어 나가기 위한 과학 토론 활동도 수업에 활용하면 좋습니다. 적정기술이 만들어진 이유를 조사해보고 나라마다 과학 발전 속도가 다르다는 것을 이해하며 학생들이 과학적으로 의사소통하는 경험을 제공해주는 것도 좋습니다.

 또 '인공지능(AI)이 사람을 대체할 수 있을까?'와 같이 발전하는 과학 기술과 사회의 관계를 함께 고민할 수 있는 주제는 학생들이 과학을 왜 배워야 하는지 다시 한번 생각해보는 기회를 제공합니다. 여기에 과학적인 근거를 조사해보고 '팩트체크'와 같이 과학적 사실을 분석해보는 활동을 통해 자신의 주장과 근거를 내세울 수 있습니다. 특히 과학 토론은 주제가 다소 어려울 때도 있지만, 온라인 수업과 같이 스마트기기를 활용하여 수업을 진행할 때는 인터넷 환경을 적극적으로 이용할 수 있기 때문에 다른 친구들과 더욱 풍부한 자료 수집을 할 수 있습니다. 대면 수업을 할 때는 학생들이 서로 인터넷 환경에서 자료를 조사한 것을 바탕으로 의견을 다듬고 친구들과 토론하는 과정으로 진행하면 더 효과적으로 할 수 있습니다.

❽ 도덕
지구는 지금 9시 56분!
토론하며 환경 수업하기

수업하기 전에

- 3학년 도덕 [우리가 만드는 도덕 수업2] 단원에서는 환경/이웃 문제에 대한 문제 상황을 살펴보고 탐색–계획–실천–정리하기의 과정으로 수업이 진행됩니다. 이번 수업에서는 이를 '환경 문제' 하나의 주제로 변경하여 환경에 대해 더 깊게 생각하고 생활 속에서 실천해보는 것에서 나아가 공익적인 목표를 갖고 홍보물을 제작하는 것으로 구성되어 있습니다.
- 온라인 수업 준비: 토론 과정에서 시시때때로 바뀌는 의견을 기록, 표현하며 이루어지는 '2. 신호등 토론으로 환경 문제에 대한 생각 나누기'와 다양한 사례를 검색하는 활동이 있는 '3. 우리 반 환경 보호 실천 계획 세우기'는 온라인 수업으로 진행됩니다. 이에 따라 패들렛, 플립그리드 주제 생성 등이 필요합니다.
- 오프라인 수업 준비: 영상을 보며 함께 이야기를 나누어야 하는 '1. 환경 문제 살펴보기'와 직접 그림을 그려 완성하는 '4. 환경 보호 공익 광고 만들기'는 오프라인 수업으로 진행됩니다. 3차시 수업에 대한 가정 학습 과제 제시물로 제작된 공익 광고 QR코드가 필요합니다.

ON&OFF 연계 Tip

- 패들렛을 영상 학습을 위한 공간으로 활용할 경우 패들렛의 다양한 서식 중 '셀프' 양식을 선택해보세요. 하나의 주제에 대한 학생들의 의견을 쉽게 일렬로 수합할 수 있습니다.
- 플립그리드는 미리 그리드를 개설하고, '학생 사용자 이름'으로 학급 공개 범위를 설정한 뒤 아이디와 비밀번호, 입장 QR코드를 미리 안내했습니다.
- '네이버 QR코드 만들기'로 쉽고 빠르게 QR코드를 만들 수 있습니다.

먼저 환경위기시계 이야기로 수업을 열었습니다. 환경위기시계는 지구 환경 파괴의 속도가 빨라짐에 따라 사람들에게 경각심을 일깨우기 위해 인류 생존의 위기감을 시각적으로 표현한 시계입니다. 현재 지구촌의 환경위기시계에서 한국은 9시 56분이라고 합니다. 이런 이야기를 아이들에게 해주면서 우리 환경 위기의 심각성에 대해 경각심을 갖도록 했습니다. 이후 다양한 환경 문제와 관련 있는 영상을 함께 살펴보고, 이에 대한 의견을 나눴습니다. 단순히 영상을 시청하기만 하는 것보다 환경 문제를 이해하는 데 필요한 관련 지식에 대해 교사가 부가적으로 설명을 하여 좀 더 깊게 환경 문제를 이해할 수 있도록 등교 수업에서 진행했습니다. 만약 시청 도중 교사의 설명이 필요한 수준의 영상이 아니라면 패들렛을 이용해 수업을 진행할 수 있습니다. 패들렛을 '셀프' 양식으로 생성한 뒤, 주제별로 영상을 게시한 후 느낀 점을 댓글로 남길 수 있도록 하면 됩니다. 붙임쪽지 하나에 영상을 게시하고 느낀 점을 댓글로 남길 수 있도록 할 수 있습니다.

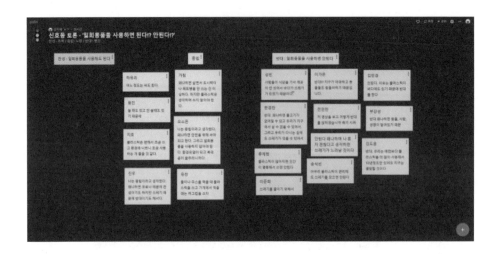

다양한 환경 문제를 살펴보고, 이 중 아이들의 일상생활과 밀접한 관련이 있는 쓰레기 문제에 대해 좀 더 깊게 다뤄보고자 토론 수업을 진행했습니다. '일회용품을 사용하면 된다? 안 된다!?'라는 주제로 신호등 토론을 했습니다. 신호등 토론은 신호등의 색깔로 찬성 초록, 중립 노랑, 반대 빨강으로 자신의 의견을 표현하며 전개해나가는 가벼운 게임 방식의 토론 기법입니다. 색을 바꾸는 요소가 가미되어 있어 아이들이 토론을 놀이처럼 받아들일 수 있다는 장점이 있습니다. 그렇다 보니 도덕 수업에서 활용할 경우 아이들이 가치에 대해 어려워하지 않고 재밌게 접근할 수 있습니다. 교실에서 신호등 토론을 할 경우에는 종이컵이나 색종이로 의견을 표시합니다. 이를 온라인 수업에서 하려면 패들렛의 붙임쪽지 색 변경 기능을 이용하면 됩니다. 자신의 의견에 따라 붙임쪽지의 색을 변경하고(찬성:초록, 중립:노랑, 반대:빨강) 그렇게 생각한 까닭을 적습니다. 토론 과정 중 자신의 의견이 바뀌었을 경우에는 색 변경 기능을 이용해 의견이 바뀌었음을 표현하고, 댓글로 의견이 바뀐 까닭을 적도록 하면 토론이 끝난 뒤 자신의 생각 변화를 쉽게 확인할 수 있습니다.

환경 문제에 관해 충분히 알아보고 난 뒤, 이를 자연스럽게 연결하여 환경 보호 실천 계획을 세워 실천할 수 있도록 했습니다. 먼저 다양한 환경 보호 실천 사례를 학생들이 직접 검색해서 찾아본 후 공유하도록 했습니다. 학교에서는 컴퓨터실에 가거나 패드를 대여해 와야 하는 번거로움이 있지만, 온라인 수업에서는 자연스럽게 검색을 위한 환경이 준비되어 있기 때문에 쉽게 진행할 수 있다는 장점이 있습니다. 검색 활동이 끝난 뒤 우리 반에서 지킬 수 있는 환경 보호 실천 사례를 한 사람당 하나씩 정하도록 하고, 이를 이용해 피라미드 토론을 통해 대표 의견을 선출했습니다. 피라미드 토론은 1:1토론-2:2토론-4:4토론 등을 진행하며 모아진 의견을 점차 줄여가며 이야기를 나누는 토론 기법입니다. 온라인 수업에서의 피라미드 토론은 줌의 소회의실 기능으로 쉽게 할 수 있습니다. '수동 할당 기능'을 이용해 알맞은 짝과 토론을 할 수 있는 환경을 조성해주면 됩니다. 소회의실의 '도움요청' 기능을 미리 지도하여 토론 중 문제가 발생했을 경우 교사에게 도움을 요청할 수 있도록 하고, 교사는 지속적으로 소회의실을 순회하며 토론이 잘 진행될 수 있도록 지도할 수 있습니다.

이렇게 선정된 우리 반 환경 보호 대표 실천 계획은 직접 실천하기로 했습니다.

도덕 수업에서 실천 여부를 확인하는 방법으로 체크리스트가 많이 활용되지만, 실시간으로 등록/확인이 가능하다는 온라인 환경의 장점을 살려 플립그리드로 확인을 했습니다. 플립그리드는 영상을 기반으로 하는 '그리드'라는 온라인상의 학급에서 교사와 학생이 소통하며 사용할 수 있는 무료 교육용 비디오 플랫폼으로, QR코드를 통해 아이들이 쉽게 접속할 수 있고 영상 등록, 편집이 가능하다는 장점이 있습니다. 그리드를 생성하고 안내한 뒤, 학생들이 직접 실천한 환경 보호 실천 과정을 영상으로 찍어 남기게 하고, 이를 다음 시간에 활용할 수 있도록 했습니다.

OFF 4. 환경 보호 공익 광고 만들기

다음 활동은 앞 차시에서 가정학습과제로 우리 반 대표 환경 보호 실천 계획을 실천한 뒤 올린 영상물을 활용하여 우리 반 공익 광고를 제작했습니다. 학습 여건에 따라 교사가 미리 제작하여 준비해도 되고, 시간적 여유가 된다면 학생들이 직접 만들어볼

수도 있습니다. 그리고 이 영상을 공익 광고에 활용하고 싶어서 홍보물 내에 영상을 볼 수 있는 QR코드를 삽입하여 홍보물을 접하는 사람들이 쉽게 영상을 볼 수 있도록 만들었습니다.

다음에 나오는 사진과 같이 QR코드를 넣고 환경 보호와 관련된 문구와 그림으로 꾸며 홍보물을 완성했습니다. 완성된 홍보물은 학교 또는 학생들이 살고 있거나 생활하는 장소의 근처에 게시하여 학생들이 지속적으로 환경 보호 실천을 상기시킬 수 있도록 했습니다.

❾ 도덕
가족에게 사랑을 표현하는
'가족 프로젝트'

수업하기 전에

- 3학년 도덕 3단원 '사랑이 가득한 우리 집'에서는 가족의 사랑과 소중함에 대해 생각해 보고, 가족의 문제를 해결할 수 있는 방법을 알아보고 마음을 전하는 내용으로 이루어져 있습니다. 이 수업은 좀 더 학생들의 생활과 밀접한 '집안일'이라는 주제를 끌어들여 생각하고 직접 실천해볼 수 있도록 이루어진 수업입니다. 가정학습과제로 가족과 관련된 활동을 미리 내주면 좀 더 학생들이 몰입하며 수업에 임할 수 있습니다.
- 온라인 수업 준비: 학생들이 실시간으로 질문과 답하기, 즉 하브루타 활동이 이루어지는 '1. 그림책 하브루타로 가족의 형태와 의미 알기'와 '3. 그림책 하브루타로 내가 해야 하는 일 알아보기'는 온라인 수업으로 진행됩니다. 이에 따라 그림책 이용에 관한 저작권을 확인해야 하며 패들렛 등이 필요합니다.
- 오프라인 수업 준비: 그림을 그리거나 만들기 활동을 하는 '2. 뮤직비디오로 가족사랑 표현하기'와 '4. 가족사랑 쿠폰 만들기' 수업은 오프라인으로 진행됩니다. 4차시 수업의 경우 3차시 수업의 결과물을 활용하게 됩니다.

ON&OFF 연계 Tip

- 그림책을 온라인 수업에서 활용하는 경우 저작권 허용 범위가 출판사마다 다르니 꼭 미리 확인해야 합니다. (※본 수업에서 활용된 그림책들은 모두 허용 확인)
- 패들렛 링크는 미리 학급 SNS나 학급 온라인 학습방에 게시합니다.
- 패들렛에서의 하브루타 활동은 질문은 붙임쪽지로, 답하기는 댓글을 이용하여 진행할 수 있습니다.
- 구글 프레젠테이션의 경우 스마트폰과 패드에서는 앱 다운로드가 필요하니 미리 학생들에게 안내 후 수업을 진행하시는 것이 좋습니다.
- 문장 만들기 활동의 경우 멘티미터를 활용하면 쉽게 수합 및 확인이 가능합니다. 미리 프레젠테이션을 생성해두세요.

먼저 그림책『우리 가족 만나볼래?』를 활용한 수업을 진행했습니다. 그림책을 함께 읽고 질문을 생각해본 뒤, 패들렛을 활용해 친구와 묻고 답하기를 했습니다. 질문은 붙임쪽지에 남기고 그 질문에 대한 답은 댓글로 남길 수 있도록 하면 온라인에서도 하브루타 수업을 쉽게 할 수 있습니다. 이때 유형은 '담벼락'을 선택하면 질문이 가지런히 자동으로 정렬되어 더 보기 쉽게 활동을 할 수 있습니다.

교실에서 하브루타 수업을 진행하다 보면 아이들이 질문 만들기를 어려워하는 경우가 많은데, 이때 좋은 방법 중 하나는 다양한 질문을 접해보는 것입니다. 온라인에서는 친구들이 올리는 질문을 실시간으로 확인할 수 있기 때문에 이러한 부분에서 장점이 있습니다. 또한, 학생별로 질문 만들기에 소요되는 시간 차이가 큰 경우가 많은데, 온라인에서 수업을 진행할 경우 이러한 부분을 크게 고려하지 않아도 된다는 점이 좋습니다. 하브루타는 한 가지 주제에 대해 서로 질문을 주고받으며 좋은 질문을 찾고, 또 다시 논쟁하며 더 깊은 생각을 이끌어가는 토론 방법이기 때문에 도덕 수업에서 가치를 학생들이 좀 더 깊게 탐구하는 것이 필요한 수업에 활용하면 좋습니다. 학생들이 당연하게 생각할 수 있는 '가족'이라는 주제에 대해 하브루타 활동으로 이야기를 나눠보며, 좀 더 그 의미에 대해 깊게 생각해보는 계기를 마련해준 수업이었습니다.

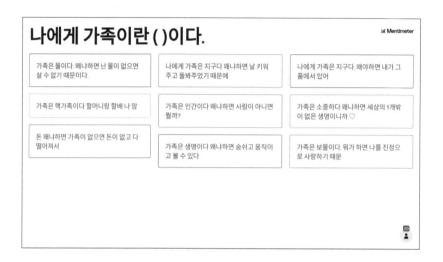

마무리 활동으로 오늘 수업에서 자신이 가족에 대해 어떤 생각을 가지게 되었는지 알아보기 위해 '가족은 ○○이다'라는 문장 만들기를 했습니다. 온라인 수업에서 문장 만들기 활동은 멘티미터 플랫폼을 활용하면 되는데, 멘티미터를 활용하면 주소 하나로 쉽게 학생들의 생각을 모을 수 있고, 결과도 쉽게 한 눈에 확인할 수 있습니다.

OFF 2. 뮤직비디오로 가족사랑 표현하기

이전 수업에서 가족의 의미, 사랑에 대해 충분히 고민해보았습니다. 이를 바탕으로 자신이 가족에 대해 느꼈던 사랑의 마음을 담아 뮤직비디오 만들기를 했습니다. 그림 그리기 활동이 주로 이루어지기 때문에 등교 수업으로 진행했습니다. 가족을 사랑하

사랑해줘서 고마워요

출처 : 제주 도련초등학교 강동호 선생님

는 마음을 담은 노래는 정말 무수하지만, 그중에서 여성가족부에서 보급한 '고마워요' 라는 노래를 활용했습니다. 가족 간의 사랑과 고마움, 함께하는 행복 등의 내용을 담은 가사로 이루어져 있습니다. 학생 수에 맞게 가사를 나누고, 자신이 가족에게 사랑받는다 느꼈던 순간을 떠올려 그리도록 했습니다. 아이들의 그림을 스캔한 뒤, 뮤비메이커, 블로, 멸치 등 비디오 편집 프로그램을 활용해 가사에 맞게 순서대로 나열하여 시간을 조절해주면 쉽게 뮤직비디오를 완성할 수 있습니다.

만약 이 수업을 온라인 수업으로 진행한다면, 고규환 선생님(아이스크림미디어)이 고안하신 구글 프레젠테이션 뮤직비디오 만들기를 활용할 수 있습니다. 교사가 먼저 슬라이드별로 적절하게 가사를 나누고, 구글 프레젠테이션 링크를 공유합니다. 학생들은 링크에 접속하여 자신이 맡은 가사가 적힌 슬라이드에 자신의 이름을 적고, 가사에 어울리는 그림이나 사진을 찾아 복사한 뒤 붙여넣기 하여 완성합니다. 이 결과물 또한 가사 타이밍에 맞춰 녹화하면 간단하게 뮤직비디오를 만들 수 있습니다.

가족 구성원으로서 자신의 역할을 알고 바르게 실천하기를 학습 목표로 '집안일'이라는 주제를 중심으로 수업을 진행했습니다. 집안일이라고 하면 너무나도 당연하기에 깊게 고민하지 않는 경우가 많습니다. 그림책을 이용해 하브루타를 진행하면서 집안일의 중요함, 가족 구성원으로서의 바른 역할의 중요성을 자연스럽게 인지할 수 있도록 했습니다. 집안일로 인한 가족 간의 갈등을 다룬 그림책 『돼지책』을 읽고, 패들렛을 이용한 하브루타 활동을 하고 우리집의 집안일 현황을 알아보았습니다. 이때 구글 프레젠테이션을 활용했는데, 온라인 수업을 진행할 때, 학습지를 활용해야 하는 경우 등교 수업 때 학습지를 미리 나눠주는 번거로움을 해결해줍니다. 미리 학습지를 구성해놓고, 학생 수 만큼 슬라이드를 복사해서 사용할 수 있습니다. 온라인에 남아 있으니 분실 염려도 없어서 포트폴리오 역할도 할 수 있답니다. 파워포인트 기능과도 유사해서 기본적인 IT 활용 교육도 동시에 이루어질 수 있다는 장점도 있습니다.

가족 구성원을 적고 그 구성원이 하는 집안일을 쭉 적어보라고 하면 골고루 집안일이 분배되어 있지 않는 경우가 많습니다. 『돼지책』의 이야기를 떠올려보며, 모두가 최대한 골고루 집안일을 할 수 있도록 분배해보자고 합니다. 구글 프레젠테이션을 이용했기 때문에 글자를 선택해 이동시키기만 하면 됩니다. 이때 집안일을 한 줄로 이어서 적으면 막대그래프를 그려 놓은 듯한 느낌을 주어 한 눈에 쉽게 비교할 수 있습니다.

　지난 시간 집안일을 통해 내가 가족 구성원으로서 해야 할 올바른 역할에 대해 고민한 수업의 결과물을 활용해 바로 다음 등교 수업에서 가족사랑 쿠폰 만들기를 했습니다. 가족사랑 쿠폰은 5월 가정의 달이 다가오면 학급에서 많이들 하곤 하는 '효 쿠폰'에서 아이디어를 가져온 것입니다. 가족은 꼭 웃어른만 있는 것이 아니기에 동생에게 '1시간 놀아주기'와 같은 쿠폰을 만들어줄 수도 있으므로 가족사랑 쿠폰이라는 이름을 붙여 보았습니다.

　지난 수업에서 했던 구글 프레젠테이션을 띄워 놓거나 인쇄해서 나눠준 다음, 자신이 맡은 집안일을 바탕으로 해서 가족사랑 쿠폰을 만들게 합니다. 그러면 자신이 미리 결정해둔 일들이기 때문에 실천하고자 하는 의지도 더 다질 수 있고, 쿠폰 형식을 빌려와 더 재미있게 실천할 수 있습니다. 활동 시간이 여유가 된다면 쿠폰 이름과 관련된 간단한 상징 그림으로 표현하면서 비주얼씽킹을 접목해 진행해볼 수도 있습니다. 이렇게 완성한 가족사랑 쿠폰은 가정학습과제로 실천한 뒤 간단한 소감을 학급 SNS에 남기게 해도 되고, 다음 온라인 수업으로 연계하여 실천 결과를 나누는 시간을 가져도 좋습니다.

아름다운 나, 우리

수업하기 전에

- 4학년 도덕 '3. 아름다운 사람이 되는 길'에서 아름다움에 대한 이해를 넘어 자신이 중요하게 여기는 아름다움은 어떤 것인지 판단하는 과정을 통해 어떤 아름다움이 참된 아름다움인지 생각해보도록 합니다. 더 나아가 가치 실현을 돕기 위한 포트폴리오, 비전 보드 만들기 활동이 이루어진 수업입니다.
- 온라인 수업 준비: 가치에 대한 생각의 시각화가 필요한 '1. 아름다움에 대한 생각 나누고 알아보기'와 의견 변화를 나타내며 전개되는 토론 활동이 이루어지는 '3. 가치 수직선 토론으로 가치 판단하기'와 실천 계획에 적절한 이미지를 검색하며 이루어지는 '4. 아름다운 나를 그리는 비전 보드 만들기'는 온라인 수업으로 진행됩니다. 이에 따라 가치 수직선 토론 배경 파일, 비전 보드용 구글 프레젠테이션 양식 등이 필요합니다.
- 오프라인 수업 준비: 친구를 관찰하며 활동이 이루어지는 '2. 나와 친구의 아름다움 찾기'는 오프라인 수업으로 진행됩니다.

ON&OFF 연계 Tip

- 구글 프레젠테이션 양식은 학생 수에 맞게 미리 슬라이드를 복사해놓고, 링크는 학급 SNS나 실시간 쌍방형 플랫폼 채팅에 올려둡니다.
- 이미지 검색은 포털 사이트를 활용하거나, 구글 프레젠테이션 내 그림 삽입 기능을 미리 안내해 수업 활동 시간을 확보했습니다.
- 줌 주석기능을 활용할 때, 미리 줌에서 '참가자가 주석을 달도록 허용'과 '주석자 이름 표시'를 눌러 세팅해두면 누가 기록을 남겼는지 확인할 수 있습니다.
- 포트폴리오 패들렛 링크는 학급 SNS에 공지로 설정하여 수시로 학생들이 쉽게 확인할 수 있도록 했습니다.

OFF 1. '아름다움'에 대한 생각 나누고 알아보기

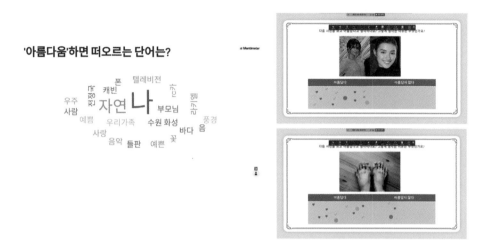

첫 시간은 아름다움이란 가치에 대한 생각을 공유하고, 어떤 종류가 있는지 살펴보는 수업으로 온라인에서 진행했습니다. 본격적인 수업을 시작하기 전 '내가 생각하는 아름다움이란?'이라는 질문을 통해 아름다움에 대한 학생들의 생각을 먼저 살펴보았습니다. 멘티미터 유형 중 '워드클라우드'를 활용했습니다. 워드클라우드는 언급되는 단어들의 핵심 단어를 시각화해주기 때문에 학생들이 그 가치에 대해 어떤 생각을 주로 갖고 있는지 확인하기 좋습니다.

지도서에는 아름다움이 외면적 아름다움, 내면의 아름다움, 도덕적 아름다움으로 분류되어 제시되어 있습니다. 이 3가지가 드러난 사진을 골고루 준비하고, 학생들에게 하나씩 제시하면서 아름답다고 느끼는지, 그렇게 생각하는 이유는 무엇인지에 대해 이야기를 나눌 수 있도록 합니다. 줌의 주석기능을 활용하면 동시에 많은 학생들의 의견을 받을 수 있는데, '주석자 이름표시' 기능을 활성화해두면 어떤 학생이 어떤 의견을 제시했는지 바로 확인할 수 있기 때문에 왜 그런 선택을 했는지 의견을 묻기 좋다는 장점이 있습니다.

출처 : 경남 사천 곤양초 김보미 선생님

출처 : 경남 거창 산하초 이건우 선생님

지난 수업에 알아본 여러 아름다움의 종류를 떠올리며, 그 아름다움을 표현할 수 있는 말에 대해 함께 고민하고 이야기를 나눠 보며 수업을 시작했습니다. 이때 떠올린 말을 활용하여 본격적인 활동을 진행했습니다. 바로 나와 친구의 아름다움을 찾아주는 활동입니다. 먼저 자신에게 해주고 싶은 아름다움을 나타내는 말을 골라 적도록 했습니다. 잘 생각나지 않는다고 하면 자신의 하루도 돌아보고, 거울로 자신을 마주하기도 하면서 충분히 고민할 시간을 줍니다. 하지만 자신만의 생각으로 아름다움을 찾기 어려워하는 경우가 많은데, 이를 보완해줄 수 있도록 서로 아름다움을 찾아주는 활동을 했습니다. 학급에서 많이 이루어지는 칭찬 샤워와 비슷한 활동입니다. 다만, 칭찬샤워와 다른 점은 짧은 시간 안에 여러 학생을 대상으로 할 수 있다는 점입니다. 간단하게 온라인에서 칭찬 샤워를 진행할 수 있는 방법은 멘티미터를 활용하는 것입니다. 학생의 이름을 넣어 주제를 만들어 활용할 수 있습니다.

ON 3. 가치 수직선 토론으로 가치 판단하기

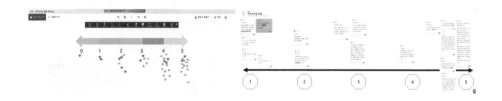

출처 : 청주 가경초등학교 조수진 선생님

패들렛에 여러 방면에서 아름다움을 실천한 사람들의 사례를 담은 영상을 살펴보도록 했습니다. 꼭 외적인 아름다움이 아닌 여러 방면에서 아름다움을 실천한 사례를 살펴보면서 학생들 스스로 참된 아름다움이란 무엇일까에 대해 고민할 수 있도록 했습니다. 그리고 이에 대해 이야기를 나누어보기 위해 가치 수직선 토론을 진행했습니다. 가치 수직선 토론은 자신의 가치 변화를 눈으로 비교하기 쉽고, 다른 사람의 생각과 그 변화도 드러나기 때문에 다른 사람의 생각을 이해하고 수용할 수 있는 태도를 갖게 하는 토론 방법입니다. 3가지 아름다움에 대해 자신은 어느 아름다움을 중요하게 여기는지 판단도 해보고, 다른 친구들의 생각도 들어보며 올바른 가치를 세워갈 수 있도록 도울 수 있는 활동이라고 할 수 있습니다. 이러한 가치 수직선 토론은 줌에서 보드 기능을 이용하면 쉽게 할 수 있습니다. 주석 기능을 이용해 학생들은 자신의 의견을 표현하고, 텍스트 기능을 활용하여 이유까지 적을 수도 있습니다. 실시간 쌍방향 수업이 어려운 상황이라면 패들렛의 배경 변경 기능을 활용할 수 있습니다. 캔버스형 패들렛을 만들고, 배경을 가치 수직선 배경으로 설정한 뒤, 붙임쪽지를 알맞은 화살표 위치에 이동시키며 활용할 수 있습니다.

ON   4. 아름다운 나를 그리는 비전 보드 만들기

마지막으로 가치에 대한 이해를 바탕으로 참된 아름다움을 실천하기 위해 자신이 할 수 있는 일을 계획하는 활동을 했습니다. 혼자 실천 계획을 세우려면 어려울 수 있기 때문에 먼저 모둠 단위-학급 단위로 다양한 실천 계획에 대해 이야기를 나누어보고 이를 바탕으로 하거나 발전시켜 자신만의 계획을 수립할 수 있도록 했습니다. 계획은 구체적으로 세울 수 있도록 주의하여 지도해주어야 합니다. '책 읽기'가 아니라 '일주일에 2권 책 읽기', '운동하기'가 아니라 '줄넘기 하루에 10분씩 하기'처럼 세워야 실천하기가 더 쉽다는 점을 꼭 지도해주어야 합니다.

실천 계획은 패들렛 셀프형을 이용해 학생 개인마다 포트폴리오처럼 기록을 남길 수 있도록 만들어주었습니다. 컬럼을 설정하면 공간이 나뉘므로 개인의 공간이라는 느낌을 줄 수 있고, 온라인에 누적되어 기록되기 때문에 포트폴리오로 남길 수도 있습니다.

하지만 이렇게 목표를 구체화시키더라도 자주 떠올릴 수 없다면 쉽게 잊기 마련입니다. 그래서 비전 보드 활동을 진행해봅니다. 비전 보드란 자신의 목표와 관련된 이미지를 활용해 목표를 구체화하고 성취 동기를 부여하는 활동입니다. 구글 프레젠테이션에 일정한 양식을 주거나, 자유롭게 쓸 수 있도록 합니다. 구글 이미지 삽입 기능을 이용해 학생들의 실천 목표에 어울리는 이미지를 찾아 넣으면 쉽게 완성할 수 있습니다. 완성된 비전 보드는 교사가 인쇄하여 나눠주고, 한 장은 학교에서 자주 볼 수 있는 공간에, 다른 한 장은 가정에서 자주 볼 수 있는 공간에 붙여두고 계속 상기할 수 있도록 지도합니다. 이후 실천 여부 확인은 교사가 직접 해도 좋지만, 학급 내 1인 1역으로 패들렛을 관리하는 역할을 두어 자치 활동으로 진행해도 좋습니다.

냉장고의 재료를 활용한
한 그릇 음식 만들기

수업하기 전에

- 요리를 실습하는 수업이기 때문에 안전교육을 반드시 해야 합니다.
- 온라인 수업 준비: 각자의 음식 광고지(음식 사진)를 게시할 수 있는 프로그램인 패들렛을 준비해주세요. 줌을 학생 모두 사용할 수 있는 환경이 만들어지면 수업을 더 풍성하게 만들 수 있습니다. 소회의실 기능을 통해 모둠별 토의를 하면서 주어진 재료로 만들 수 있는 요리를 떠올려보는 놀이를 해봅니다.
- 오프라인 수업 준비: 직접 요리를 해보는 시간이라 요리 재료가 필요합니다. 냉장고에 있는 요리재료 이외에, 균형 잡힌 한 끼 식사를 위해 더 필요한 것이 있으면 미리 준비합니다.

ON&OFF 연계 Tip

- 음식 광고지 만들기를 한 후 교실 뒤에 게시하거나 패들렛으로 게시합니다.
- 1인당 1가지의 식재료 카드를 제공한 뒤 어떤 요리를 만들면 좋을지, 더 필요한 식품군은 없는지 의견을 나누는 활동이 있는데, 교실에서 모둠 토의가 어렵다면 줌의 소회의실 기능을 이용합니다.

1. 우리 집 냉장고에 있는 식재료를 찾아보고, 어느 식품군에 있는지 써 봅시다.

식품군	식재료		
곡류		우유 유제품류	
		채소류	
고기 생선 계란 콩류		과일류	

실과 과목에서 한 그릇 음식을 학생들이 직접 만들어보는 활동의 첫 번째 목적은 균형 잡힌 식사가 무엇인지 알고 스스로 영양소를 골고루 섭취하도록 하는 것입니다. 매번 급식처럼 누군가가 영양학적으로 심혈을 기울여 차려주는 밥을 먹을 순 없겠죠. 스스로 균형 잡힌 식사가 무엇인지 파악하고 섭취하는 것이 필요합니다. 또한 부모님이 없는 상황에서도 자기가 먹을 한 끼 정도는 스스로 조리하고 만들어 먹을 수 있게 하기 위해서입니다. 그렇다면 자기가 먹을 한 끼를 만들어야 하는 맥락을 생각해봅시다.

필요한 재료를 미리 사와 요리를 하기로 마음먹은 날도 있겠지만, 아마 대부분의 학생은 집에서 냉장고에 있는 재료를 활용하여 요리를 만들어야 할 것입니다. 학생들에게 좀 더 실제적인 한 그릇 요리를 만드는 상황을 지도하려면 각자 자기 집의 냉장고를 분석하는 것이 훨씬 와 닿을 수 있습니다. 그래서 첫 번째는 우리 집 냉장고에 있는 식재료를 하나씩 찾아보고 어느 식품군에 들어가는지를 분석해봅니다. 이 활동은 활동지를 통해 오프라인으로 진행할 수 있지만, 온라인으로 할 때는 패들렛을 이용하여 각자 식재료를 사진을 찍어서 패들렛의 '셀프' 기능을 이용하여 사진을 올리면 각 식재료가 어떤 식품군에 늘어가는지 목록화하여 볼 수 있습니다. 교사는 미리 패들렛의 '셀프'로 가서 식품군 5개만 적어주면 됩니다.

　다음 모둠별 회의를 할 차례입니다. 냉장고의 재료들을 조사했으면 그 재료를 가지고 어떤 한 그릇 음식을 만들면 좋을지 이야기를 나누어보는 활동입니다. 먼저 패들렛을 이용해 각자의 요리재료를 쓴 메모지 아래에 댓글로 음식을 추천합니다. 예를 들어 냉장고에 감자, 당근, 양파가 있다고 적은 칸 아래에는 카레가루를 구해 카레를 만들면 좋겠다고 댓글로 만들 요리를 추천할 수 있어요. 또 줌 소회의실 기능을 이용해 재밌는 놀이도 할 수 있습니다.

　우선 각 학생에게 비밀댓글로 하나씩 식재료를 알려줍니다. 본인이 갖게 된 식재료를 잘 기억했다가 소회의실로 친구들끼리 만납니다. 각자 배당받은 식재료를 나누어보고 이 식재료로 무슨 음식을 만들 수 있을지 생각해보고 균형 잡힌 영양소를 섭취하기 위해 더 필요한 식품군을 생각해보게 했습니다. 학생들은 의견을 나누면서 각 재료가 어떤 식품군에 들어가는지를 자연스럽게 학습하게 됩니다.

다음은 각자의 재료로 실제 한 그릇 음식을 만드는 활동입니다. 각자 집에서 만들어 보는데, 그만큼 안전에 관련한 유의사항 등을 잘 알려주어야 해요. 불 다룰 때 주의해야 할 점, 칼을 안전하게 사용하는 방법을 사전에 지도합니다. 옆에 어른이 있을 때 요리하는 것으로 약속도 미리 정해 둡니다.

각자 만들 요리 제목만 검색해도 유튜브에 요리하는 방법이 자세하게 잘 나옵니다. 유튜브를 검색하여 요리하는 순서대로 따라 만들 수도 있고, 교사가 직접 요리하는 메이킹 영상을 제공할 수도 있습니다. 위 사진은 한내초 이진주 선생님께서 직접 동학년 선생님들과 촬영한 영상인데요, 사실 유튜브 요리영상에서는 요리하다가 실수했을 때 대처하는 방법 등은 잘 나와 있지 않아요. 그러나 교사가 직접 촬영하여 만들었을 때는 실패했을 경우 어떻게 대처할 수 있는가를 다룰 수 있다는 장점이 있습니다. 혹은 줌을 통해 실시간 화상으로 한 가지 요리를 정해서 같이 만드는 활동을 구상할 수도 있습니다.

요리 이름	
▼요리 사진	

	레시피 소개	
	들어간 재료의 효능 (1가지 이상)	

요리를 다 만들었다면 사진을 찍어 패들렛에 공유합니다. 각자의 사진 아래에 어떻게 만들었는지 레시피를 적어요. 다른 친구들이 레시피를 보고 따라 만들었다면 이 또한 패들렛에 올려 사진댓글을 적을 수도 있습니다. 요리 사진을 올리는 것이 끝이 아니라, 요리에 들어간 재료의 효능 1가지 이상을 적어보아 급식지도까지 연계할 수 있습니다. 예를 들어, 베타카로틴이 들어갔다면 항산화 효과가 있다고 홍보하거나 칼륨이 들어간 재료라면 붓기를 빼줄 수 있다는 등의 효능을 홍보할 수 있어요. 각자의 요리가 어떤 효능이 있는지 읽게 되면, 평소에 별생각 없이 먹었던 음식들이 갑자기 보약으로 느껴질 것입니다.

달걀을 굴릴때 불이 너무 뜨거웠습니다. 엄마가 매일 요리해주시는 것에대한 감사함
을 느끼게 하는 과제 였습니다

내가 만들어서 더 맛있었어요^^

느낀점 : 옥수수를 삶을 때 물 조절이나 삶은 시간을 맞추는 게 조금
어렵고, 힘들었지만 삶고 난 후 가족들에게 물어보니 맛있게 잘
삶았다고 해서 기분이 좋았고, 앞으로 자주 옥수수를 삶아야 겠다고
생각했다.

직접 맛보면 제일 좋겠지만 온라인으로 활동하여 먹어볼 수 없는 상황에서는 가장 맛있어 보이는 음식에 투표를 해볼 수 있습니다. 직접 먹어보고 싶은 요리를 골라 투표하거나, 영양소가 골고루 들어간 요리에 투표할 수도 있습니다. 이때는 패들렛을 사용할 수도 있고 줌 주석기능을 이용해 실시간으로 투표할 수도 있습니다. 마지막으로 느낀 점을 적어보게 해보세요. 그동안 부모님께 당연하게 받아왔던 한 끼 식사에 대한 고마움을 적는 학생들을 많이 볼 수 있습니다. 또한, 요리하는 과정이 재밌었다면서 직업으로 생각해보는 학생들도 있어요. 이때 푸드스타일리스트, 쉐프 등의 요리 관련 진로지도까지 구상할 수 있습니다.

실생활 문제해결을 위한 피지컬 컴퓨팅 도구 활용 메이커 수업

수업하기 전에

- 6학년 실과 교육과정을 살펴보면 '다양한 재료를 활용하여 창의적인 제품을 구상하고 제작한다'는 메이커교육에 적합한 성취기준이 제시되어 있습니다. 보다 유의미한 메이커교육이 되기 위해서 학생들은 교실 내 실생활 문제를 탐색한 뒤 이를 해결하기 위한 메이킹 산출물을 설계하고, 반복적인 과정을 거쳐서 메이킹 작품을 만들어냅니다. 이후 메이킹 산출물을 실제로 사용하여 문제해결 여부를 생각해보고 메이커 페어를 통해 과정과 결과물을 공유하며 마무리합니다.
- 온라인 수업 준비: 메이킹 과정과 결과물을 저장할 수 있는 온라인 플랫폼(e학습터, 클래스팅, 팀즈, 구글 클래스룸 등)을 준비해야 합니다. 메이킹 활동에 앞서 꼭 알아야 하는 내용의 제시를 위해 메이커 관련 학습 자료(영상, 사이트 등)를 미리 찾거나 만드는 것이 좋습니다. 그리고 실생활 문제를 찾고 공감하는 데 필요한 의견 온라인 사고 정리 도구(마인들리, 구글 문서 등)를 준비합니다.
- 오프라인 수업 준비: 학생들이 메이킹 활동 시 활용할 수 있는 재료 및 도구를 준비하고 선택할 수 있도록 바구니에 재료별로 담아 제시해야 합니다. 핵심적으로 활용할 도구인 마이크로비트는 키트 형태로 구매하는 것이 좋습니다.

ON&OFF 연계 Tip

- 교실 내 문제 상황을 탐색하고 정리할 때 온라인 사고정리 도구인 구글 문서와 마인들리를 사용했습니다.
- 메이킹 과정, 산출물은 가능한 디지털 형태(파일, 스캔)로 변환하여 클래스팅을 통해 공유가 이루어지도록 했습니다.
- 마이크로비트를 사용할 때 센서들을 각각 구매하기보다는 수업에 활용할 센서가 무엇일지 미리 생각해보고 마이크로비트와 센서들이 포함되어 있는 '마이크로비트 키트'를 구매하는 것이 편리합니다.
- 메이킹 산출물을 제작할 때 온라인에 공유된 피드백을 반영하여 반복적으로 수정, 보완하는 과정이 이루어져야 합니다.
- 메이커 페어를 오프라인에서 개최하기 어려울 경우 실시간 온라인 수업 도구(줌 등)를 활용하여 온라인에서 개최할 수 있습니다.

 본격적인 수업에 들어가기에 앞서 실과 교과에서 메이커 교육, 인공지능 활용교육 모두 큰 틀에서 다양한 테크놀로지를 활용하는 테크놀로지 활용교육이라고 할 수 있습니다. 테크놀로지 활용 수업의 가장 큰 특징은 성취기준, 학습목표 도달을 위하여 다양한 학습에 도움을 줄 수 있는 테크놀로지를 활용한다는 것입니다. 대표적으로 SW 교육, 메이커 교육, 인공지능 활용교육 등을 생각해볼 수 있습니다. 테크놀로지를 활용하는 수업에서 꼭 기억해야 할 핵심 3가지만 말씀드리겠습니다.

1. 수업의 중심

 선생님들께서 SW 교육, 메이커 교육, 인공지능 활용교육 모두 어렵다고 생각하는 경향이 있는데, 사실 수업에서 제일 중요한 것은 도달해야 할 성취기준과 학습목표입니다. 이를 교육과정 재구성에 따라 설정하신 뒤 이를 효과적으로 도달하는 수단, 방법으로서 코딩, 메이커, AI를 활용한다고 생각하면 좋습니다. 따라서 수업에서 항상 중심에 놓아야 할 것은 학생들로 하여금 어떤 성취기준과 학습목표를 달성하게 할 것인가입니다. 이때 피지컬 컴퓨팅 도구, AI 등 단순히 활용하는 도구 및 테크놀로지를 배우고 기능을 익히는 수업이 되어서는 안 됩니다.

2. 교사의 역할 변화

 SW 교육, 메이커 교육, 인공지능 활용교육 모두 진입장벽이 높다고 생각하시지만 조금만 들여다보면 그렇지 않습니다. 교사가 코딩, 메이킹 활동에 필요한 내용 지식을 모두 알고 있을 수는 없습니다. 이미 우수한 수업 사례, 수업 방법을 안내하고 공유하는 서적이나 연수가 많이 있고 실제 수업 때 활용하는 코드, 도안, 완성작품은 온라인상에서 오픈소스로 공개되어 있는 경우가 대부분입니다. 선생님들께서 하실 일은 연수나 서적을 통해서 관심 있는 분야의 교육에 대해서 배우시되 온라인상에 공유된 학습자료들을 찾은 뒤, 그대로 또는 조금만 변형하여 사용하면 됩니다. 또한, 학습자와 함께 배움을 익히는 동료학습자이자 촉진자로서 역할을 수행해주면 됩니다. 교사가 모든 것을 알고 답을 제시해주기보다는 학생들과 함께 찾아보고 직접 찾아볼 수 있는 학습자원을 안내해주는 것만 해도 됩니다. 이처럼 교사와 학생이 함께 배우는 수업으로 진행하면 아이들도 지식의 전이가 더 활발하게 이루어질 뿐만 아니라 교사도 큰 성취감을 느낄 수 있습니다.

3. 실생활 문제해결의 힘

학급, 학교, 가정, 지역사회 등 내 주변에 직면한 문제를 해결하기 위하여 메이킹 활동, 인공지능 활용 수업 등을 진행한다면 학생들이 보다 관심을 가지고 적극적으로 문제해결 활동에 참여합니다. 여기서 중요한 것은 주변에 직면한 문제를 찾아내고 분류하는 과정인데 교사의 안내과정이 필수입니다. 이를 통해 만들어진 학습결과물은 실제적으로 활용이 되고 학생들로 하여금 지식의 전이를 보장할 뿐만 아니라 성취감을 맛보게 해줍니다. 이러한 성취감은 새로운 학습활동으로 연결되어 순환적, 반복적으로 이루어지게 되고 결국 교육과정에서 목표로 하는 고차적 사고능력, 4C 역량 등을 함양할 수 있게 됩니다.

이러한 3가지를 염두에 두고 본격적으로 실생활 문제해결을 위한 메이커 교육 사례를 살펴보겠습니다. 우선 교실에서 발생하는 다양한 실생활 문제를 찾는 것부터 시작되었습니다. 학생들로 하여금 문제를 찾도록 한 뒤 마인들리를 활용하여 정리하도록 합니다. 이후 학생들이 찾아낸 문제 중에서 무엇인가를 만들어서 해결할 수 있는 문제로 필터링해준 뒤 문제를 정의해줍니다. 이때 '여러분이 관찰한 상황은 어떤 상황인가요?', '여러분이 관찰한 상황 때문에 사람들이 어떤 불편함, 어려움을 겪고 있나요?', '사람들의 불편함과 어려움을 해결하기 위해 무엇을 만들어낼 수 있나요?'라는 핵심질문을 학생들에게 제시하면 도움이 됩니다. 이후 마인들리와 같은 발산적 사고를 돕는 온라인 협업도구와 구글 문서와 같은 수렴적 온라인 협업도구를 사용하면 학생들의 생각을 발산적으로 자유롭게 나오게 한 뒤 수렴적으로 거두어들일 수 있습니다.

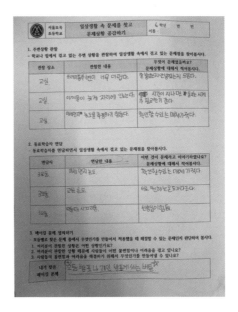

<교실에서 실생활 문제 찾기>	
에어컨 문제	● 춥고 더운 것을 느끼는 온도가 사람마다 다르다. ● 남자애들은 맨날 덥다고 에어컨을 켜고 싶어 하는데 여자애들은 춥다 하는 경우가 있다. ● 에어컨 밑에 있는 사람들을 더 춥게 느껴지고 에어컨과 멀리 떨어져 있는 사람들은 덥게 느껴진다.
미세먼지 문제	● 미세먼지 정확한 수치를 알기가 어려워서 체육 수업이 취소될 때가 있다. ● 미세먼지가 시시각각 바뀌는데 교실에서 바로 아는 것이 어렵다. ● 미세먼지 농도를 선생님께 매번 물어봐야 해서 번거롭다.
모둠발표 문제	● 선생님이 모둠발표 시 누가 빨리 손을 들었는지 정확하게 판단하기 어렵다. ● 모둠발표가 특정 모둠에게만 기회가 주어져서 보상점수를 가져간다. ● 모둠발표 시 점수를 얻었을 때 반 아이들 중 승복하지 않는 아이들이 있어서 문제가 생긴다.(특히 게임할 때)
시계 알람 문제	● 쉬는 시간이 끝나도 애들이 자리에 잘 앉지 않는다. ● 시계가 역할을 잘 하지 못한다. ● 시계가 어떤 때는 빨리 가고 어떤 때는 느려서 가서 아이들이 수업 시작 시간을 잘 안 지킨다.
수업 중 소음 문제	● 수업시간에 너무 떠들어서 선생님 목이 아프다. ● 친구들 말소리가 너무 커서 선생님이 말하는 소리가 들리지 않는다.
화분	● 교실에서 키우는 화분에 1인1역 담당이 물을 잘 주지 않는다. ● 화분이 메말라서 식물이 거의 죽어간다.
기타	● 칠판 닦기가 귀찮다. ● 떨어진 물건을 줍기 귀찮다. ● 복도에서 친구들이 뛰어다닌다.

그 결과 학생들은 다음 6가지 문제를 도출했습니다.

1. 매번 에어컨을 켜고 끄는 것이 힘들고 덥고 추운 것을 느끼는 온도 기준이 다르다.

2. 미세먼지 농도를 정확하게 몰라서 체육활동에 지장이 있다

3. 모둠별로 발표를 할 때 어느 모둠이 가장 먼저 손을 들었는지 판단하는 데 어려움을 겪는다.

4. 수업 시작 5분 전에 앉아 있지 않은 학생이 많다

5. 학생들의 목소리가 너무 커지면 선생님께서 수업하기 힘들다.

6. 화분에 물을 주지 않아서 자주 말라 죽는다.

서울청담초등학교	메이킹 문제해결 계획하기 <메이킹 문제해결 계획서>	6학년 1반 3모둠

항목	핵심내용
문제상황	육하원칙을 활용하여 누가, 언제, 어디서, 무엇을, 어떻게에 해당하는 내용이 들어가도록 문제상황을 글로 적어보거나 사진을 붙여볼까요?
	에어컨을 우리반 친구들이 켰다가 끄는것을 귀찮아 한다. 에어컨을 켤때마다 귀찮고 온도도 전부 다르다.
원인	앞에서 찾은 문제상황이 왜 발생하였는지 원인을 찾아서 글로 적어봅시다.
	사람들마다 덥고 춥다고 느끼는 정도가 다르기 때문이다. 에어컨을 수업 중에 켰다가 껐다가 하려면 매번 일어나야하는데 귀찮다.
내가 찾은 메이킹 문제	에어컨을 껐다 켜기가 귀찮고 온도에 따라 사람들이 춥고 더운 정도를 느끼는 것이 다르다.
무엇을 만들까요?	메이킹 문제를 해결하기 위하여 어떤 것을 만들 수 있을지 글과 그림을 활용하여 구상해봅시다. 온도를 정해놓고 그 온도보다 적으면 안켜지고 그 온도를 넘으면 에어컨이 기계가 움직여서 자동으로 에어컨을 켜준다.

그다음 문제해결을 위해서 메이킹 산출물을 만들기 위한 설계도가 필요합니다. 이에 학생들에게 메이킹 문제해결계획서를 세우도록 했는데, 이때 글과 그림으로 구체화해서 표현하도록 유도했습니다. 특히 이미지의 사용은 작품을 구체화하는 데 많은 도움을 줄 수 있습니다.

초등학생들에게 실생활 문제를 해결하기 위한 계획서를 작성해보라고 과제를 주는 것은 무척 어려운 일입니다. 그러므로 '문제 상황, 원인, 무엇을 만들 것인가, 어떤 기능이 들어가면 좋은가, 어떤 재료를 사용할 것인가, 메이킹 결과물이 왜 필요한가, 한계점은 무엇인가'라는 항목이 정리된 구조화된 메이킹 문제해결계획서를 제공하는 것이 좋습니다. 이는 앞으로 학생들이 메이킹 결과물을 만들 때 꼭 필요한 청사진이자 가이드라인이 되어줄 것이기 때문에 구체적으로 작성해야 합니다. 메이킹 문제해결 계획서는 앞으로 메이킹 활동 과정 중에 얼마든지 수정, 보완해도 되므로 1차시 수업 안에 반드시 계획서를 완성하지 않아도 됩니다. 따라서 이러한 사실을 안내해주면 학생들이 시간의 압박을 받지 않고 계획서를 작성할 수 있습니다.

ON&OFF 3. 메이킹 재료 및 도구 특성 파악하기

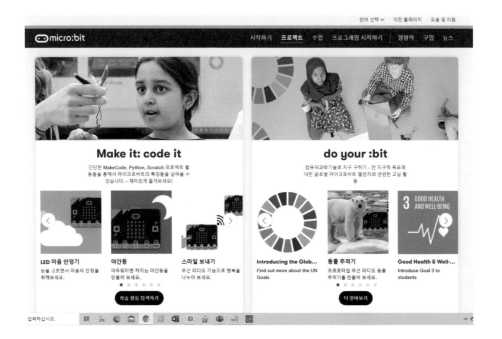

메이킹 활동에 사용할 재료 및 도구를 직접 다루어보고 특징을 파악하여 정리하는 활동을 수행합니다. 이때 핵심적으로 활용하게 될 피지컬 컴퓨팅 도구인 마이크로비트와 센서들의 특성에 대해서 파악할 수 있는 온라인 학습자료(microbit.org)나 참고할

수 있는 책『메이커 교육 대백과』을 구매하여 필요한 페이지를 스캔하여 제공할 수 있습니다. 또한, 온라인 사이트에 제시되어 있는 예제를 제시하고 간단한 프로그래밍 실습을 통하여 마이크로비트가 가지고 있는 특성을 파악하는 활동도 수행합니다.

온라인 학습이 끝난 이후에는 교실에서 다양한 재료 및 도구를 직접 만져보고 특성을 탐구할 수 있는 시간을 충분히 제공해야 합니다. 학생들이 이미 익숙하게 사용할 수 있는 두꺼운 도화지, 테이프, 가위와 풀 등도 있지만 벨크로 테이프, 글루건, 전동드릴 등 사용 시 도구의 특성을 이해하고 주의해야 할 도구도 많이 있기 때문입니다. 이와 같은 활동은 학생들이 자신의 아이디어를 메이킹 산출물로 구현하는 데 필요한 재료 및 도구의 특징을 알 수 있도록 해주기 때문에 산출물의 수준을 높일 수 있습니다.

ON&OFF　　4. 메이킹 활동하기

메이킹 활동 시 피지컬 컴퓨팅 도구를 사용하기 때문에 코딩하는 과정을 거치는데 학생들을 모둠으로 편성하여 협력적으로 해당 활동을 수행하게 했습니다. 교실 내에 찾아낸 문제 중에서 해결하고 싶은 문제가 비슷한 학생들끼리 모둠을 편성하여 코딩 활동과 만들기를 협력적으로 수행했습니다. 이때 아이들이 참고할 수 있는 코드와 영상자료, 학습자료를 함께 제공해주었습니다. 특히 참고할 수 있는 코드는 원래 완성본에서 일부 코드를 제거한 형태로 주었습니다. 학생들이 고민해보고 코드를 보다 창의적으로 완성할 수 있도록 유도한 것입니다. 이미 완성된 형태의 코드가 수많은 사이트와 책을 통해 안내되어 있습니다. 이를 적절한 형태로 가공해서 학생들에게 제공해주기만 하면 됩니다. 이러한 과정을 우리는 리믹스 기능을 활용한다고 합니다. 기본적인 코드를 제공해주면 더 창의적이고 완성된 형태로 사용자들이 점점 발전시켜나가는 것을 의미하는데, 엔트리나 스크래치에 들어가면 다양한 작품들이 공유되어 있는 것을 보실 수 있습니다. 이 작품 속 코드를 그대로 복사해서 내가 더 나은 방향으로 발전시키고 다른 사람이 또 발전시키고 이런 선순환 과정이 계속될 수 있습니다.

또한, 메이킹 산출물을 만드는 과정에서 실패는 필연적입니다. 한 번에 뚝딱 완성된 작품을 절대 만들 수 없습니다. 학생들은 자신의 메이킹 과정과 산출물을 디지털 형태 (코드, 사진, 영상, 글)로 변형하여 클래스팅에 끊임없이 올리고 동료 학생과 선생님으로부터 피드백을 받게 됩니다. 이러한 피드백을 반영하면서 끊임없이 시행착오를 거치게 되고, 실제로 적용해보면서 개선점, 보완점을 찾고 수정하는 과정을 지나게 됩니다. 이때 학생들이 좌절하지 않도록 긍정적인 피드백, 힌트가 될만한 스캐폴딩을 중간 중간 온라인, 오프라인 상에서 댓글로, 발문으로 계속 말해주는 게 중요합니다. 이 과정을 생산적 실패(Productive failure)라는 용어로도 정의할 수 있습니다. 그러면 허용적 분위기가 조성되어 실패는 없고 오로지 새로운 시도만 존재할 수 있게 됩니다.

OFF 5. 메이커 페어 개최하기

　마지막으로 이 수업의 정점은 만든 작품을 실제로 적용해본다는 것과 더불어 그동안 만들었던 과정, 완성작품을 소개하고 공유하는 시간을 갖는다는 것입니다. 메이커 페어라고도 부르는 이 과정은 앞으로 메이커 교육을 이어가는 데 중요한 원동력이 되며, 축제의 장이자 다른 사람의 노하우를 얻는 과정이기도 합니다. 그동안 메이킹 과정을 거치느라 고생한 모둠원들과 성취감을 공유하는 시간을 갖는 것이죠.

　메이커 페어는 기본적으로 오프라인에서 개최하지만 상황이 여의치 않을 경우 온라인상에서 개최할 수도 있습니다. 실시간 쌍방향으로 학생들과 소통할 수 있는 수업 도구(줌, 구글 행아웃, e학습터)를 활용하여 모둠별로 자신이 만든 메이킹 산출물을 공유하고 시연해보거나 만들었던 과정 중에 겪었던 경험과 노하우에 대해서 이야기 나눠보는 시간을 가질 수 있습니다. 처음에는 학급 단위로 개최했던 메이커 페어는 학생들이 메이커 교육에 익숙해지는 정도에 따라서 점차 학년 단위, 학교 단위로 넓혀갈 수도 있습니다.

⑬ 실과
실생활 문제해결을 위한
인공지능 활용 수업

수업하기 전에

- 5학년 실과, 사회, 국어 교과를 재구성하여 코로나19 예방을 위해 교실 내에서 실천할수 있는 '마스크 제대로 쓰기'를 도울 수 있는 인공지능 작품을 만들어보는 수업을 합니다. 먼저 전세계적인 코로나19 상황을 살펴보고 지속가능한 미래 건설을 위하여 세계시민으로서 어떤 일을 할 수 있는지 살펴봅니다. 이후 교실 내에서 코로나19 예방을위해 할 수 있는 실천사항을 찾아보고 절차적 사고와 프로그래밍 도구를 사용하여 '마스크 제대로 쓰기'를 도울 수 있는 인공지능 작품을 만들고 실제로 적용해봅니다.
- 온라인 수업 준비: 다양한 온라인 수업이 가능한 교육용 인공지능 도구를 준비하면 되는데, 크게 코딩 없이 활용하는 도구(CODE.ORG, 블롭오페라, 퀵드로우, 구글바흐 등)와 코딩과 함께 활용하는 도구(엔트리, 스크래치, 머신러닝포키즈 등)로 나눠볼 수 있습니다. 그리고 학습결과물을 업로드하고 공유할 수 있는 온라인 플랫폼(클래스팅, 구글 클래스룸, 패들릿 등)을 마련하여 학생들의 결과물을 누적하고 정리하는 과정이 필요합니다.
- 오프라인 수업 준비: 학습자가 주도적으로 학습활동을 수행하는 데 초점을 맞춰 앞에서 만들어낸 인공지능이 제대로 작동하는지 테스트해보고 개선 및 보완점을 찾는 과정을 위해서 태블릿PC나 노트북 등 다양한 스마트기기를 준비해야 합니다.

ON&OFF 연계 Tip

- 코로나19 예방을 위한 상황을 탐색하고 정리할 때 온라인 사고정리 도구인 구글 문서와 패들릿을 사용했습니다.
- 인공지능 산출물은 가능한 한 디지털 형태(파일, 스캔)로 변환하여 패들릿을 통해 공유가 이루어지도록 했습니다.
- 온라인 수업에서는 인공지능이란 무엇인지 소개하는 내용, 활용할 도구의 사용법, 앞으로 해결해야 할 실제 문제 상황에 대한 안내, 해결할 문제들을 온라인 학습 도구를 사용하여 유목화하고 정리하는 활동이 이루어지면 좋습니다.
- 오프라인 수업에서는 학습자가 주도적으로 학습활동을 수행하는 데 초점을 맞춰 앞에서 만들어낸 인공지능이 제대로 작동하는지 테스트해보고 개선 및 보완점을 찾는 활동을 하면 좋습니다. 또한, 인공지능 활용교육에서 인공지능 사용에 관한 윤리문제, 부작용 문제를 꼭 다뤄주는 것이 좋습니다. 인공지능 사용자의 입장에서, 개발자의 입장에서 어떤 점을 주의해서 사용하고 개발해야 하는가의 문제를 탐구하고 토의해봐야 합니다.

우선 인공지능이란 무엇인지 경험해보는 것에서 출발했습니다. 먼저 코딩이 필요 없는 인공지능 도구를 활용했습니다. code.org는 바다에 있는 쓰레기를 없애고 깨끗하게 만들기 위해서 인공지능을 학습시키는 과정을 체험하게 됩니다. 쓰레기인 것과 아닌 것, 물고기와 해양생물들에 대한 기준을 정해서 인공지능을 학습시키는 과정을 경험하도록 하면서 인공지능이 처음부터 모든 것을 아는 것이 아니라 사람들처럼 학습하는 과정을 거쳐야 한다는 것을 자연스럽게 배우게 됩니다.

퀵드로우는 구글에서 개발한 도구로 제시어를 보여주면 20초라는 빠른 시간 안에 그림을 그리는 것입니다. 퀵드로우에는 이미 수많은 사람이 제시어에 대해서 그린 그림 데이터가 저장되어 있고 이를 바탕으로 인공지능을 학습시켜놓은 상태입니다. 이를 바탕으로 학생들이 제시어에 대한 그림을 그렸을 때 퀵드로우에 탑재된 인공지능이 바로 무엇인지 알아차리고 답을 말해줍니다. 이미지를 통해서도 인공지능이 학습

할 수 있다는 것을 배우게 되는 것입니다.

How-old.net은 마이크로소프트에서 개발한 도구로 사진을 업로드하면 인공지능이 데이터를 바탕으로 사진에 있는 사람들의 나이를 말해줍니다.

Google Doodle Bach는 음악 수업에서도 활용할 수 있는 도구입니다. 역시 구글에서 만든 도구로 인공지능에게 바흐가 작곡한 240여 편의 곡을 학습시킨 상태입니다. 학생들이 원하는 음으로 음표를 찍어서 작곡을 하면 바흐의 음악 스타일로 화음을 넣어서 바꿔줍니다. 클래식 사조나 작곡에 대해서도 공부할 수 있을 뿐만 아니라 인공지능을 학습시켰을 때 어떤 산출물까지 만들어낼 수 있는지 배울 수 있습니다. 블롭오페라 역시 인공지능을 통해 학습된 소프라노, 메조소프라노, 테너, 베이스의 목소리를 바탕으로 자유롭게 음악을 만들 수 있는 도구로 음악 수업에 활용할 수 있습니다.

마지막으로 Betheintruder.com은 영화 '스타워즈'의 예고편을 보여주는데 등장인물의 얼굴을 사진 업로드를 통해 원하는 사람 얼굴로 바꿀 수 있습니다. 일종의 딥페이크 기술을 사용하는 것인데, 인공지능을 학습시켰을 때 어떤 산출물까지 만들어낼 수 있는지 경험할 수 있도록 해줍니다.

그다음에 실생활에서의 문제를 찾는 활동을 했습니다. 코로나19가 만연한 상황에서 가장 중요한 생활수칙이면서 가장 문제가 되는 것은 무엇일까요? 바로 마스크의 착용입니다. 마스크를 잘 쓰는 사람들도 있지만 턱스크, 코스크 심지어 마스크를 아예 안 쓰는 사람도 많기 때문입니다. 미국이나 유럽 등에서 코로나19 확진자가 수십만 명씩 나와서 심각하다는 영상을 온라인상으로 보여주고 그 이유에 대해서 구글 문서를 통해 적어보도록 했습니다. 코로나19 상황에서 전세계와 한국에서 가장 문제가 되는 것이 무엇인지 영상과 확진자 통계자료 등 자료를 살펴보고 구글 문서와 패들릿을 통해 도출하도록 했습니다. 그 결과 마스크를 제대로 착용하는 것이 가장 중요한 문제로 도출되었습니다. 그러면서 자연스럽게 마스크를 제대로 착용했는지 확인하는 장치가 있으면 좋겠다는 의견이 나왔습니다. 이때 사람이 직접 일일이 확인해도 좋겠지만, 반복적인 작업이라 귀찮거나 판단 기준이 모호할 수도 있다는 의견이 나왔습니다. 그렇다면 인공지능을 활용하면 어떨까 생각이 모이게 되었습니다.

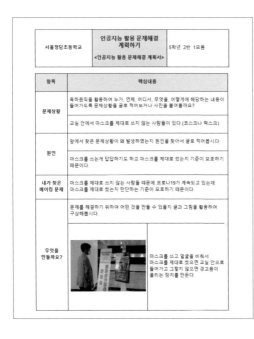

　코로나19 예방을 위한 인공지능 산출물 제작을 위해 학생들에게 인공지능 활용 문제해결계획서를 모둠별로 작성하도록 했습니다. 모둠별로 협력하여 문제해결계획을 세우면 수준 높은 결과물이 나올 수 있습니다. 그리고 글과 그림을 활용하면 구체화된 표현이 가능한데, 꼭 자신이 그림을 그리지 않더라도 인터넷 검색을 통해 비슷한 아이디어를 표현한 사진, 영상이 있으면 첨부토록 했습니다. 또한, 초등학생의 수준을 고려하여 '문제 상황, 원인, 무엇을 만들 것인가, 어떤 기능이 들어가면 좋은가, 어떤 재료를 사용할 것인가, 인공지능 결과물이 왜 필요한가, 한계점은 무엇인가'라는 항목이 정리된 구조화된 인공지능 활용 문제해결계획서를 제공하는 것이 좋습니다. 또한, 인공지능 활용 문제해결계획서는 앞으로 인공지능 모델학습과 코딩을 하는 과정 중에 얼마든지 수정, 보완해도 되므로 1차시 수업 안에 반드시 계획서를 완성하지 않아도

됩니다. 따라서 이러한 사실을 안내해주면 학생들이 시간의 압박을 받지 않고 계획서를 작성할 수 있습니다.

ON **3. 인공지능을 활용한 '올바른 마스크 착용 돕기' 만들기**

  인공지능은 처음에 사용자가 충분한 양의 데이터를 확보하여 어떤 것이 마스크를 제대로 착용한 것인지 학습시켜주어야 합니다. 이미지 학습모델을 통해 머신러닝을 경험하도록 하는 것이죠. 이때 엔트리를 사용하면 좋습니다. 엔트리에 인공지능 활용 블록이 새롭게 추가되면서 이미지 학습, 텍스트 학습 등 인공지능을 학습시키는 머신러닝을 경험해볼 수 있는 다양한 블록들이 제시되어 있습니다. 뿐만 아니라 완성된 코드와 작품들도 playentry.org에 친절하게 제시되어 있기 때문에 선생님과 학생들이 쉽게 활용할 수 있습니다.

학생들은 마스크 착용을 제대로 했는지 여부에 따라 마스크를 제대로 착용하라고 말을 해주는 장치, 마스크 미착용 또는 제대로 착용하지 않았을 경우 시끄러운 소리가 나는 장치 등 다양한 기능을 구현하려고 했습니다. 먼저 구현하고 싶은 인공지능의 모습에 따라 협업을 통해 작품을 완성하도록 했습니다. 협업해서 작업을 하는 것이 보다 높은 수준의 산출물을 보장할 수 있을 뿐만 아니라 협의하는 과정을 거치기 때문에 성취기준 도달에 더 효과적이라고 볼 수 있습니다.

이후 모둠별로 저마다의 아이디어를 가지고 엔트리를 활용해서 코딩을 시작하는데, 돋보이는 점은 기본적인 코드를 미리 제공해주고 아이들이 기능을 완성하고 더욱 발전된 형태로 만들어나가는 리믹스를 활용했다는 점입니다. 인공지능, 엔트리의 코딩을 하는 것이 낯설거나 익숙지 않을 수 있기 때문에 학생들에게 스캐폴딩, 비계를 설정해주는 것입니다.

일단 마스크 착용의 적절성을 몇 단계로 나눌지 생각해보는 것이 필요합니다. 이 수업에서는 마스크 착용, 코에만 마스크를 걸치거나(코스크) 턱에만 마스크를 거치는 경우(턱스크), 마스크 미착용 3단계로 나누었습니다. 마스크 미착용 못지않게 문제가 되는 것이 코스크와 턱스크라고 의견이 나왔기 때문입니다.

그리고 또 하나 중요한 점은 더 많은 양의 사진을 학습시킬수록 인공지능의 결과가 더 정확해진다는 것입니다. 학습시키는 이미지가 늘어날수록 인공지능이 판별할 때 정확도가 올라가는 것이지요. 엔트리의 장점은 내가 학습을 시킨 뒤 내가 나눈 단계별로 몇 퍼센트의 정확도로 판정을 할 수 있는지 수치로 바로 제공됩니다. 이를 통해 부족한 부분을 보완하여 인공지능에게 더 학습시킬 수 있는 것이죠. 이 수업에서는 마스크의 색깔이나 종류까지 바꿔가면서 수정하고 보완하는 작업을 거쳤습니다.

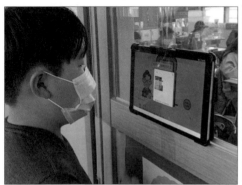 

　온라인 수업을 통해 완성된 인공지능 산출물을 오프라인에서 사용해보고 수정, 보완할 점을 찾는 단계를 진행해야 합니다. 학생들은 우선 자신이 완성한 인공지능 산출물을 어떤 스마트기기에 띄워놓는 것이 좋은지 선택하게 됩니다. 그 결과 노트북, 스마트폰, 태블릿PC처럼 휴대성이 확보되어 있는 스마트기기를 활용하는 것이 좋다는 결론에 도달하여 태블릿PC에 결과물을 띄워놓게 되었습니다. 그리고 벽이나 뒷문 중에서 어떤 곳에 설치하는 것이 좋은가 논의했습니다. 실제로 설치해본 결과 아이들의 눈높이에 맞춰서 뒷문의 투명한 부분에 테이프로 고정하는 것이 가장 좋다는 것을 찾아냈습니다. 그리고 마스크를 고쳐 쓴 뒤 다시 처음부터 실행하는 버튼이 추가되면 좋겠다는 의견도 제시되어서 코드를 수정했습니다. 또한, 마스크를 제대로 쓰지 않은 학생들에게 경각심을 주기 위해서 큰 소리가 나면 좋겠다는 의견이 있어서 코드가 수정되었습니다. 이로써 아침에 체온을 측정하고 입력하는 자가진단 앱처럼 학생들이 교실로 들어오기 전에 자신의 마스크 쓴 모습을 체크하고 들어갈 수 있는 인공지능 장치가 완성된 것입니다.

　이렇게 인공지능을 활용하여 직접 도구를 만들고 사용해본 뒤 인공지능 사용에 관한 윤리문제, 부작용 문제를 꼭 다뤄주는 것이 좋습니다. 인공지능 사용자의 입장에서, 개발자의 입장에서 어떤 점을 주의해서 사용하고 개발해야 하는가에 대해서 토의하는 시간을 가지면 좋습니다. 토의는 오프라인에서 진행해도 좋고 상황의 여의치 않을 경우 구글 문서, 패들릿을 활용하여 온라인상에서 의견을 적어보는 활동을 할 수 있습니다. 인공지능 사용에 대한 토의 결과 마스크 착용을 제대로 했는지 판단하는 인공지능 장치를 만들었을 때 개발자의 입장에서는 수집한 개인정보를 저장하지 않거나 저장하더라도 바른 마스크 착용 여부 판단에만 사용하고 바로 삭제해야 한다는 이야기가 나왔습니다.

⑭ 체육
이론 반 실습 반
온앤오프 체육 수업

수업하기 전에

• 체육 교육과정에서 '경쟁'은 '개인이나 집단 간의 능력을 서로 겨루는 상황에서도 서로 협력하며 상대를 배려하고 정정당당하게 경기에 임하는 가치'로 제시됩니다. 운동능력과 배경지식의 차이는 학생들의 진정한 '경쟁'의 의미를 기르는 데 방해가 됩니다. 이번 온앤오프 수업으로 학생 개인의 기량 차이를 줄여 학생들이 서로 협동하며 진정한 경쟁의 의미를 이해할 수 있도록 합니다.

• 온라인 수업 준비: 이론적 지식을 제공해줄 수 있는 교육 자료가 필요합니다. 체육 수업과 관련된 영상의 자료를 제공하거나 필요한 경우 교사가 직접 제작할 수 있도록 합니다. 이때 영상만 보여주는 것이 아니라 학생들이 내용을 정리하거나 질문할 수 있도록 실시간 반응 앱을 준비해주는 것이 좋습니다. 학생들의 반응을 분석할 수 있는 피드백 공간을 미리 제시해줘야 합니다.

• 오프라인 수업 준비: 오프라인 수업에서 가장 중요한 것은 안전사고 예방입니다. 배구 수업에서 일어날 수 있는 안전사고를 충분히 예상하여 준비운동, 주변 환경정리, 예방교육을 실시해야 합니다. 실습에 앞서 온라인 수업의 내용을 간단히 복습하는 시간을 가져봅니다. 온라인 수업 시 학생들과 나눈 질문과 피드백을 정리하여 오프라인 수업 활동의 방향을 미리 설정하도록 합니다.

ON&OFF 연계 Tip

• 학생들에게 배구에 대한 이론적 지식을 현장에서 교육할 수 있는 환경이 된다면 오프라인으로 진행해도 좋습니다.

• 실시간 반응 앱은 학생들이 로그인을 필요로 하지 않고 인터페이스가 단순한 패들렛을 사용하여 공유하도록 했습니다.

• 배구뿐만 아니라 학생 간의 실력 격차가 큰 도전영역, 경쟁영역의 다양한 활동에도 적용할 수 있습니다.

• 패들렛은 학생들의 반응이 전체 공개되므로 학생들의 피드백 영상은 구글 설문지로 수합하여 교사와 학생 간의 1:1 자료로 사용했습니다.

• 학생들에게 체육 수업에서의 이론 수업은 개인 실력 향상뿐만 아니라 안전사고예방을 위해서 꼭 필요한 과정임을 설명해줍니다.

리시브를 할 때 팔굽치를 굽히면 공이 얼굴로 튈 수 있기 때문에 편 상태로 위아래로 움직여 공을 받습니다

▶ ▶❙ 🔇 6:05 / 13:04   ⚙ ▣ ⛶

체육 교과는 쉽지 않습니다. 물론 모든 과목이 어려운 점이 있겠지만 넓은 공간에서 해야 한다는 점, 안전사고의 위험이 크다는 점, 신체를 사용해야 한다는 점이 다른 교과보다 체육 교과가 부담이 되는 이유입니다. 교사만 어려움을 느끼는 것은 아닙니다. 학생들 역시 어렵습니다. 다른 교과와는 달리 발표를 따로 하지 않아도 매시간 자신의 성취 수준이 친구들이나 선생님에게 공개가 됩니다. 수업 시간에서의 넓은 학습 공간과 활동의 다양한 형태로 인하여 개별 지도가 어려워 학생 간 실력의 차이는 성장을 하면서 더 커집니다. 잘하는 사람에게는 즐거운 시간이지만 그렇지 않은 학생에게는 외로운 시간이 되어버립니다.

그러기에 체육은 이론 수업이 중요합니다. 체육이라고 하면 신체활동만을 떠올리기 쉽상입니다. 몸을 움직이지 않으면 체육을 하지 않았다고 여기는 학생도 많습니다. 최종 목표가 성취기준에 따른 바른 신체활동이지만, 그것을 위해서는 이론적 학습이 반드시 필요합니다. 이런 부분을 놓치면 평소에 체육을 좋아하고 즐기는 학생과 그렇지 못한 학생과의 격차가 더 커지게 됩니다. 주당 3시간의 수업 시수임에도 학생들의 신체활동에 대한 강한 요구로 인하여 체육 수업에서 이론적 시간을 갖기가 쉽지 않습니다. 그럴수록 온라인 체육 수업의 역할이 더 커집니다. 온라인 수업에서는 여유 있게 이론 수업을 진행할 수 있습니다. 간단한 영상 편집이나 자료화면을 통해서 오프라인 수업에서 부족했던 시범 동작과 설명을 대신 할 수 있으며, 학생들은 자신의 학습 속도에 맞게 활용할 수 있습니다.

온라인 수업 영상에 꼭 들어가야 할 것들이 있습니다. 단순한 활동 영상만으로는 학생들이 이해하기 어렵습니다. 대부분의 영상자료가 체육 활동의 한 동작을 분석하는 경우가 많습니다. 학생들에게 이론을 전달하기 위해서는 학습 안내가 꼭 필요합니다. 학습 목표(왜 배우는지)와 학습 단계(어떻게 배우는지)가 수업 영상에 들어가 있어야 합니다. 영상에 들어있지 않다면 안내문을 통해서라도 제공해주어야 합니다. 모든 학생이 체육에 관심과 지식이 있는 것은 아닙니다. 그렇기 때문에 사전 이론 영상은 더 친절해야 합니다. 특히 경기 규칙을 설명하는 자료는 해당 활동 전체의 판단 기준이 되기 때문에 신중히 확인하는 것이 중요합니다.

영상을 제작하고자 한다면 수업의 효과를 높일 수 있는 방법이 있습니다. 체육의 가장 기본적인 교수·학습 방법인 시범을 영상 매체의 장점을 최대한 살려 제작하는 방법입니다. 첫 번째는 확대 기능을 사용하는 것입니다. 안전상의 이유로 가까이 보지 못했던 동작의 특정 부분을 보여줄 수 있습니다. 두 번째는 슬로우 또는 정지 기능을 사용합니다. 시범이 빠르게 지나가 미처 확인할 수 없었던 부분을 느리게 재생하며 동작에 맞게 설명할 수 있습니다. 세 번째는 반복 기능을 사용합니다. 표본이 될 수 있는 동작을 반복하여 보여줘 다양한 신체 부위를 유기적으로 활용해야 하는 자세를 꼼꼼하게 학습할 수 있도록 도와줍니다.

영상은 다양한 방법으로 제공될 수 있습니다. 교사가 직접 제작할 수도 있고 다른 제작자의 영상을 편집 또는 공유할 수도 있습니다. 이렇게 만들어진 영상은 유튜브를 통해서 가장 많이 제공이 됩니다. 학생들이 접근하기 편하고 관리가 쉬운 것이 장점입니다. 타인에게 공개를 원치 않는 경우 '일부공개'로 설정해서 해당 링크를 제공받은 사람만 열람할 수 있게 설정도 가능합니다. 이외의 구글사이트, e학습터, 학급 커뮤니티 등 다양한 방법으로 학생들에게 사전 이론 영상을 제공할 수 있습니다. 단, 학생들에게 영상을 공유할 때는 반드시 저작권과 초상권에 관련된 부분을 확인해야 합니다.

ON ## 2. 패들렛으로 수업 내용 정리하기

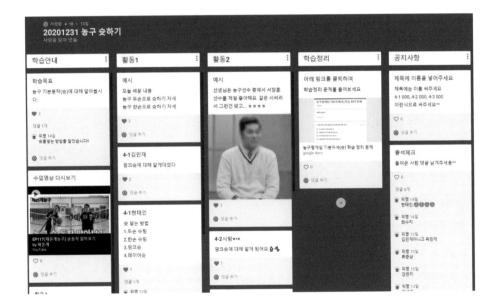

　　온라인 수업 영상에도 단점이 있습니다. 학생들이 실제로 영상을 집중해서 시청했는지 확인하기가 어렵습니다. 실시간 수업이나 오프라인 수업처럼 학습내용이 이해가 되지 않은 부분에 대해서 질문을 주고받거나 추가 설명을 제공하기도 어렵습니다. 타인의 자료를 사용할 경우 원하는 방향으로 수업을 이끌어갈 수 없는 문제점도 있습니다. 그렇기 때문에 학생들의 반응과 이해 정도를 확인할 수 있는 피드백 공간이 필요합니다. 패들렛 자료가 바로 그 예시입니다.

패들렛 앱은 간편합니다. 초등학생에게 온라인 수업을 하면서 새로운 계정이나 프로그램을 설치하는 것은 쉽지 않습니다. 때론 수업 활동보다 준비 단계에 더 오랜 시간을 쏟아야 합니다. 패들렛은 학생의 로그인이나 다운로드가 필요 없습니다. 또한, 프로그램을 설치했더라도 활용법이 어려우면 또 다른 훈련이 필요하게 됩니다. 패들렛 자료는 관리자나 사용자가 간단한 조작으로도 참여가 가능합니다. 활용법이 쉽다는 것이 큰 장점입니다. 교사가 미리 만들어놓은 활동양식에 각자 들어가서 활동을 하고 교사는 실시간으로 댓글이나 반응을 보여주며 소통할 수 있습니다.

체육 수업 영상의 피드백 활동을 위한 패들렛 자료를 만드는 요령이 있습니다. 몇 가지만 유의해서 만든다면 보다 효과적으로 수업 피드백을 진행할 수 있습니다.

1. 들어가는 텍스트의 양을 최소화해야 합니다. 모바일 환경에서는 텍스트 양이 많으면 짧은 글도 여러 줄로 보일 수 있습니다. 활동에 불필요한 텍스트를 줄이는 것이 학생들의 활동을 더 돋보이게 합니다.

2. 왼쪽부터 오른쪽으로 수업의 흐름이 진행되도록 구성합니다. 책을 읽는 것처럼 학생들도 패들렛은 좌에서 우로 이동하면서 보게 되니 평소 수업의 단계에 맞춰 패들렛 자료를 제작해야 합니다. (예: 학습안내 → 학습활동 → 학습정리 순)

3. 댓글이나 반응 기능을 넣습니다. 교사와 학생뿐만 아니라 학생과 학생 간의 상호작용을 도와줍니다. 체육은 학습격차가 큰 교과인 만큼 오히려 잘하는 학생의 배경지식이 다른 학생에게 도움이 되는 경우가 많습니다.

4. 구글 설문지(퀴즈)를 이용합니다. 패들렛은 학생들의 의견을 듣거나 자료를 제공하기에는 좋지만 비공개된 개별응답을 얻기는 어렵습니다. 해당 내용이 학생의 이해도를 평가해야 한다면 개별 설문지형태로 형성평가를 제시하는 것이 좋습니다.

패들렛의 특성을 이용한 활동은 다음과 같습니다. 영상 시청 전 학습내용과 관련된 배경지식이나 경험을 물어봅니다. 영상 시청 후에는 새롭게 알게 된 것이나 기억나는 것을 정리하여 쓸 수 있도록 하여 영상에 집중하고 서로의 의견을 나눌 수 있도록 해줍니다. 학습내용과 관련된 질문의 공간을 마련해주는 것도 좋습니다. 마지막으로 영상에서 빠르게 지나가는 이론적 내용에서 중요한 것을 교사가 미리 정리하여 제시할 수 있습니다. 영상을 활용한 온라인 수업에서는 학생들의 반응을 살필 수 없기 때문에 학생들이 놓칠 수 있는 이론적인 부분을 마무리 단계에서 정리해주는 것은 온라인 수업의 효과를 높여 줄 수 있습니다.

OFF 3. 오프라인 수업 참여하기 I

오프라인 체육 수업은 바쁩니다. 체육,수업은 실제학습시간(ALT-PE : academic learning time in physical education)을 확보하는 것이 가장 중요한 목표입니다. 이를 위해서 준비운동, 정리운동, 안전교육, 건강상태 확인 등을 효율적으로 운영해야 하고 체계적인 수업 전략을 짜야 합니다. 이 수업 전략 속에 개별지도 방법, 수업대열, 학습동선, 수준별 학습 등을 구성해야 합니다. 무엇보다 이론 설명 역시 실제 학습 시간에 포함되야 하기 때문에 학생과 교사 모두 40분의 체육 시간이 짧게 느껴질 수밖에 없습니다.

온앤오프 수업을 한다면 체육 수업이 달라질 수 있습니다. 체육 교사가 학생에게 전달해야 할 주요 이론 내용을 이미 온라인 수업을 통해서 학생들이 학습했기 때문입니다. 하지만 학생이 미처 학습에 참여하지 못했거나 성실하지 않았던 경우를 위해서 교사는 반드시 점검을 해야 합니다. 핵심 내용을 상기시키고 안전수칙을 다시 한번 강조합니다. 패들렛 활동에서 얻은 학생들의 반응을 통해서 교사는 오프라인 수업의 방향을 설정할 수 있어 수업의 밀도를 높일 수 있습니다.

온라인 수업의 장점이 많더라 하더라도 오프라인 수업에서만 가능한 것이 있습니다. 교재연구를 할 때 미리 온라인에서 할 것과 오프라인에서 할 것을 구분하여 계획해야 합니다. 체육 기구를 사용해야 한다면 학생들에게 최대한 많은 시간을 실제로 경험할 수 있게 해줘야 합니다. 특히 이 단계에서는 자유롭게 도구를 탐색할 기회를 줘야 합니다. 이때 교사는 학생들의 실제 반응과 수준을 살펴봅니다. 체육의 결과는 신체활동으로 나타나기 때문에 이론을 잘 알고 있다고 해서 실기를 잘하는 것은 아닙니다. 하지만 이론을 잘 모르면 실기를 잘할 수는 없기 때문에 이론 수업이 필요한 것입니다. 오프라인 수업 초반에는 학생들이 얼마나 잘하는지보다 얼마나 잘 아는지에 초점을 두고 수업을 진행해야 합니다. 이번 단계에서 학생들이 아는 것(이론)과 하는 것(실기)의 차이를 느끼며 과제를 수행하도록 도와주어야 합니다.

ON 4. 개별 연습 과제 제출 및 피드백받기

　체육의 기본 동작 완성을 위해서 반복적인 연습이 필수입니다. 학생들이 동작에 대해서 이해한 후, 기본 동작 반복적으로 연습하고 그 동작을 활용하여 전략을 익히고 경기를 운영하는 것이 체육 교과 도전영역의 학습 흐름입니다. 그 과정에서 학생들은 스스로에 대한 성취감과 다른 사람과의 관계에서 얻을 수 있는 인성 가치를 배우며 몸과 마음을 성장시킬 수 있습니다. 결국 학생 스스로의 연습 과정이 중요합니다. 체육 교사는 이 과정을 위해 배경지식과 개별과제를 제공해주고 적절한 피드백을 주며 학생에게 용기와 도전 의식을 심어줘야 합니다.

학생의 개인 연습을 위해서는 적절한 과제가 필요합니다. 체육 교과에서 온라인 수업과제 제시를 위한 다음과 같은 3가지 유의점이 있습니다.

첫 번째는 학생 혼자서 할 수 있는 것이어야 합니다. '혼자'라는 의미는 활동인원 수로써의 의미도 있지만 '스스로 할 수 있다'는 자발적인 의미와 다른 사람의 물질적, 시간적 도움을 요하지 않는 환경적인 요인을 포함하고 있습니다. 예를 들어 집에서 스파이크 연습 과제는 공을 토스해줄 인원도 필요하고 배구 네트도 있어야 하므로 학생이 수행하기 어렵습니다.

두 번째는 집에서 할 수 있는 과제여야 합니다. 물론 가까운 공원이나 학교에서 수행하는 것은 괜찮을지 몰라도 학생이 보호자 없이 멀리 이동해야 하거나 체육 장비가 설치된 곳을 찾아야 하는 것은 무리입니다. 학생 과제에서 중요한 것은 기본 동작의 반복 연습이거나 기초 체력 훈련이어야 합니다. 이러한 과정을 수업 시간에 하는 것만으로 부족하기에 과제로 제공하는 것이므로 너무 무리한 과제보다는 실천 가능한지를 먼저 판단해야 합니다.

세 번째는 안전하게 할 수 있는 과제여야 합니다. 교사와 함께하는 수업 상황에서도 안전사고의 발생 비율이 높습니다. 다시 말해, 안전요원 없이 학생 혼자서 과제를 수행하는 상황에서도 안전할 수 있는지 예상을 하고 과제를 제시해야 합니다. 학생이 과제를 수행할 환경을 미리 떠올리며 적절한 공간 활용법이나 안전사고 예방을 위한 수칙을 과제와 함께 제시하는 것이 좋습니다.

과제가 제시된 후에는 구글 설문지 폼을 이용하여 결과를 제출합니다. 과제 수행 여부를 사진이나 동영상으로 인증을 받을 수 있습니다. 또한, 이를 통해서 학생들에게 피드백을 주거나 오프라인 수업의 흐름을 설정하고 추가 지도자료로 활용할 수 있습니다. 하지만 많은 학생들의 과제를 수합하는 것이 쉬운 일은 아닙니다. 학생들의 개인정보활용에 대한 문제, 다른 학생에게 자료가 보여지는 문제를 예방하기 위해서 구글 설문지 폼을 이용했습니다. 이는 패들렛과는 달리 교사만 관련 자료를 볼 수 있는 장점이 있습니다. 개인 메신저와는 달리 수합과 활용이 쉽습니다. 교사의 시범이 한 번에 이뤄지기 어렵듯이 학생의 동작도 한 눈에 피드백을 파악하기 어렵습니다. 학생들이 제출한 동작 모습을 찍은 영상을 보면서 개별 피드백을 제공하거나 학급별 패턴 분석을 통해 수업자료로도 활용할 수 있습니다.

이러한 제출과 수합이 어려운 상황이라면 교사가 직접 학생의 모습을 촬영하는 방법도 있습니다. 수업 활동 시간 또는 학습 정리 시간에 학생의 활동 모습을 기록하여 피드백을 정리할 수 있습니다. 학생들의 기본 동작 습득에 가장 좋은 자료는 자신의 모습을 실제로 보는 것입니다.

OFF · 5. 오프라인 수업 참여하기 Ⅱ

오프라인 수업의 후반은 동작을 다듬어 가는 과정입니다. 온라인으로 이론적인 내용을 학습하고 오프라인 수업 초반의 실습 활동과 개별 과제 활동으로 도전영역의 기본 동작을 충분히 연습했습니다. 또한, 기본 동작을 완성하는 친구들의 비율이 높아지면서 학생 간의 상호작용도 활성화될 수 있습니다. 이때 기본 동작을 익히는 것이 학생들 입장에서 지겹고 힘든 일로 느껴지기에 교사는 끊임없이 격려해줘야 합니다.

오프라인 수업 후반으로 갈수록 과제 피드백 내용을 활용하도록 합니다. 과제 영상 분석을 통해서 학생들의 기본 동작에 대한 패턴을 찾을 수 있습니다. 이 자료는 학생들의 동작 발전뿐만 아니라 해당 종목 지도의 좋은 교수 자료가 될 수 있습니다. 이 단계에서는 학급의 수준에 따라 동작의 유의사항이나 활동 팁과 같은 피드백을 제시해 줄 수 있습니다. 예를 들어, 배구 언더핸드 토스의 경우 학생들의 반복된 실수 동작으로부터 첫째 무릎을 사용할 것, 둘째 어깨보다 높게 손을 올리지 말 것, 셋째 팔꿈치를 구부리지 말 것과 같은 공통된 피드백을 제공할 수 있었습니다.

교사는 다음 단계를 판단해야 합니다. 학생들의 전체적인 동작 수준을 살펴보며 추가 동작 과제를 제시할 것인지, 경기 활동 단계로 넘어갈 것인지를 결정해야 합니다. 기본 동작에 대한 이해가 부족하면 단체 경쟁 활동이 의미가 없습니다. 학생들이 지겨워하지 않도록 난이도와 활동을 조금씩 변경하면서 기본 동작이 안착할 수 있도록 도와줘야 합니다. 단순한 놀이 형식이 아닌 학생의 해당 영역에 대한 올바른 경험을 하게 해주는 것도 중요합니다. 전 차시의 동작을 개인 연습하고 새로운 동작을 익혀가는 누적 개인 연습 활동은 기본 동작이 익숙해지는 데 큰 도움이 됩니다.

　다시 온라인 수업으로 돌아갑니다. 기본 동작에 대한 학습이 끝난 후에는 경기 전략과 경기 규칙에 대한 이론 학습이 필요합니다. 실제 경기 활동을 위해서 온라인 학습과 오프라인 학습을 병행합니다. 이론 수업은 온라인, 실기 수업은 오프라인으로 정하기보다는 학습 내용에 따라서 영상의 편집이 필요하거나 반복 학습이 필요한 경우는 온라인 학습, 실제적인 경험이 중요한 경우에는 오프라인 학습으로 진행할 수 있도록 학습 단계를 구성합니다.

⑮ 음악
스피크파이프를 활용한 가창 수업

수업하기 전에

- 가창 활동은 음악 수업에서 빠질 수 없습니다. 하지만 온라인 수업에서는 가창 활동을 진행하기가 쉽지 않습니다. 바로 딜레이 때문입니다. 쌍방향 도구를 사용할 때 생기는 딜레이는 배우는 학생과 가르치는 교사 모두를 쉽게 지치게 합니다. 따라서 노래를 처음 배우는 활동이나 합주 활동처럼 구체적이고 즉각적인 피드백이 필요한 경우에는 오프라인 수업에서 진행해야 합니다. 온라인 환경에서 학생이 부담 갖지 않는 활동을 할 수 있도록 수업을 계획해야 합니다.
- 온라인 수업 준비: '스피크파이프'를 활용하기 위해 교사는 먼저 회원가입을 하고 'voicemail page'를 개설해야 합니다. 학생들이 과제를 정확하게 이해하기 위해 미리캔버스 등을 통해 과제 설명 이미지를 생성해놓으면 좋습니다. 또한, 만들어놓은 'voicemail page'에 오류가 없는지 학생 입장에서 사이트에 접속해보아야 합니다.
- 오프라인 수업 준비: 한 소절씩 따라 부르기, 반주를 듣고 따라 부르기 등 학생들이 노래를 완전히 익힐 수 있는 활동을 준비합니다.

ON&OFF 연계 Tip

- 노래를 처음 배울 때는 즉각적인 상호작용이 많이 필요하기 때문에 오프라인 환경에서 시작하는 게 좋습니다.
- 온라인 수업에서는 오프라인 수업에서 배운 내용을 바탕으로 노랫말 바꾸기 등 학생들이 참여하기 쉽고 재미있는 활동을 진행하면 좋습니다.

OFF 1. 새로운 노래 익히기

오프라인 수업에서 아이들과 '함께 걸어 좋은 길'이라는 노래를 배웠습니다. 먼저 노래를 들으며 흥얼거려보고, 한 소절씩 따라 부르기 활동을 진행했습니다. 교사가 노래를 틀리면 아이들은 자신감을 얻습니다. 그래서 아이들과 노래를 부를 때 일부로 틀리곤 합니다. 그럴 때마다 "선생님! 그렇게 하는 거 아니에요!"라며 아이들은 어떻게 불러야 하는지 시범을 보여주곤 합니다.

가창 활동에서는 학생들이 음악을 듣고 부르고, 악보를 보고 부르고 이런 일련의 과정을 통해 학생이 혼자 자신 있게 부를 수 있는 단계까지 도달하기를 목표로 삼아야 합니다. 그래서 어느 정도 새로운 노래를 익힌 후 번갈아가며 부르기 등 다양한 방법으로 아이들과 충분히 노래를 불러보았습니다.

ON 2. 스피크파이프를 활용한 노랫말 바꾸기

Powered by 🎙 SpeakPipe

Send a voice message
to 이건우

함께 걸어 좋은 길
노랫말을 바꾸어 노래를 불러보세요😊

Is your microphone ready?

1 Record - 2 Listen - 3 Send

1차시에서 충분히 노래를 불러보고 익숙해진 다음, 줌을 이용한 온라인 쌍방향 수업에서 노랫말 바꾸기 활동을 진행했습니다. 노래에는 '문구점을 지나고~'처럼 학교 가는 길에 보이는 풍경들이 노랫말에 있는데, 이 노랫말을 학생들의 경험이 담긴 노랫말로 바꾸어보았습니다. 먼저, 학교 가는 길에 어떤 풍경들이 보이는지 학생들에게 물어보고, 줌의 '화면 추천' 기능을 통해서 아이들의 발표를 들어보았습니다. 그리고 이를 토대로 노랫말을 바꾸도록 했습니다. 바꾼 노랫말이 원래 노랫말의 글자 수와 같아야 학생들이 노래 부를 때 힘들어하지 않습니다. 이렇게 바꾼 가사는 각자 자신의 음악책에 기록하도록 했습니다. 그리고 스피크파이프를 통해 바꾼 노랫말로 노래를 불러보는 활동을 진행했습니다.

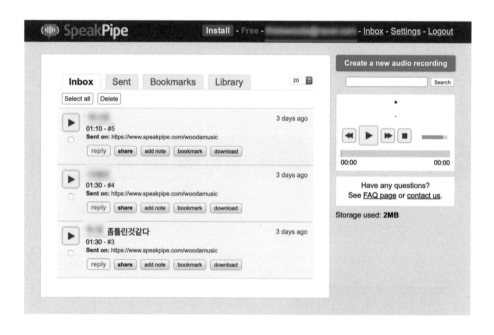

스피크파이프는 별도의 설치 없이 녹음 기능을 사용할 수 있는 온라인 수업 도구입니다. 파이프에 대고 말을 하면 반대편에서 듣고 있는 사람에게만 전달되듯이 스피크파이프는 학생들의 녹음 과제를 선생님에게 바로 전달합니다. 따라서 학생들은 친구들 앞에서 틀릴 걱정을 하지 않기 때문에 자신 있게 과제에 임할 수 있습니다. 스피크파이프는 학생의 녹음 과제를 사이트에서 바로 들어볼 수 있습니다. 또한, 녹음 파일을 컴퓨터에 저장할 수도 있습니다. 아쉽게도 스피크파이프를 통해 학생에게 직접적인 피드백을 줄 수는 없어서 줌을 통해서 개별적으로 과제를 피드백해주었습니다. 우수 과제의 경우에는 해당 학생의 동의를 얻어 온라인 학급방에 게시하기도 합니다.

[참고] 스피크파이프 voicemail page 생성하는 방법

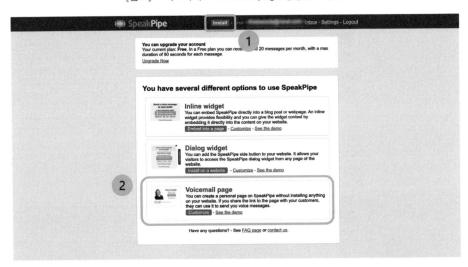

1. 스피크파이프 사이트에 로그인을 한 후, 상단의 [Install]을 클릭한다.
2. Voicemail page 탭에서 [Customize]를 클릭한다.

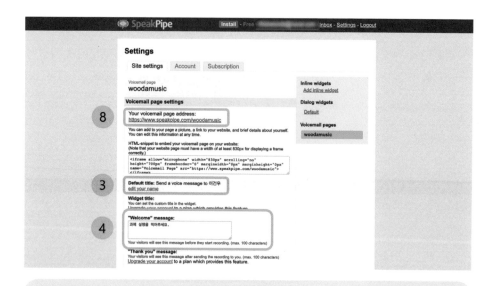

3. [Edit your name]을 클릭하여 선생님 이름을 입력한다.
4. [Welcome message]에 과제 설명을 적는다.

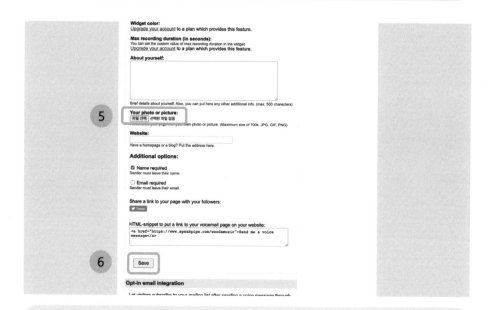

5. 사진이나 이미지가 필요한 경우 [파일 선택]을 클릭하여 업로드한다.
6. [Save]를 클릭하여 저장한다.

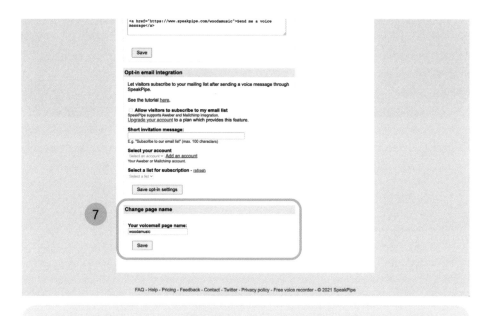

7. 하단으로 내려간 후 page name을 작성한다.

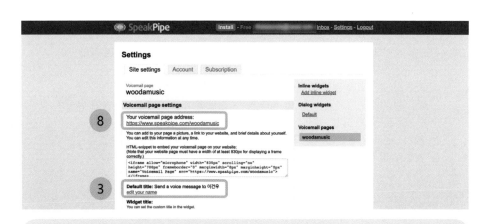

8. 상단에 있는 voicemail page 주소를 복사하여 학생들에게 공유한다.

⑯ 음악
악곡 감상
수업

수업하기 전에

- 감상 활동은 단순히 음악을 듣는 행위를 넘어서, 음악을 집중하여 들으며 사고하는 것을 의미합니다. 즉, 감상 활동은 자신이 연주할 수 있는 수준보다 더 높은 수준의 음악을 경험하는 것입니다. 교사는 감상 활동에 앞서서 주제 악곡에 대해 충분히 숙지해야 합니다. 악곡을 여러 번 들어보고, 아이들에게 할 질문을 미리 답해보면 좋습니다. 충분한 이해를 바탕으로 무엇을 가르칠지를 분명히 해야 학생들의 배움이 더 잘 일어납니다.
- 온라인 수업 준비: 멘티미터, 패들렛, 구글 뮤직랩 등 다양한 온라인 수업 도구를 사용합니다. 수업하기 전에 직접 도구들을 살펴보고 익숙해집니다. 또한, 멘티미터와 패들렛은 수업 전에 미리 만들어놓아야 합니다.
- 오프라인 수업 준비: 셈여림 놀이를 할 때, 학습지와 바둑돌이 필요합니다.

ON&OFF 연계 Tip

- 온라인 수업에서 감상한 느낌을 단어로 표현할 때는 멘티미터의 '워드클라우드' 기능을, 문장으로 표현할 때는 '오픈엔디드' 기능을 활용합니다.
- 패들렛 서식은 여러 컬럼을 나눌 수 있는 '셸프'를 사용합니다.
- 온라인 환경에서 악곡을 여러 번 들어볼 수 있도록 패들렛이나 학급방에 유튜브 링크를 공유하면 좋습니다.
- 1~2차시 온라인 수업에서는 악곡 감상에 초점을, 3차시 오프라인 수업에서는 감상을 기초로 한 악곡의 리듬 표현에 초점을 둡니다.

ON 1. 감상한 느낌을 글과 그림으로 나타내기

감상 활동은 온라인 수업에서도 쉽게 적용할 수 있어 부담이 덜 합니다. 헨델의 〈왕궁의 불꽃놀이〉 중 미뉴에트 악곡을 감상하는 수업이었는데요. 먼저, 줌에서 악곡의 이름을 보고 어떤 분위기의 음악일 것 같은지 이야기를 나누었습니다. 그다음 줌 화면 공유 기능을 사용하여 아이들과 함께 악곡을 감상했습니다. 악곡을 감상하기 전에 아이들에게 악곡이 어떤 분위기이고 어떤 느낌이 들었는지 발표하는 시간을 가질 거라고 이야기하면 아이들이 더 집중해서 듣습니다. 감상이 끝난 후, 아이들과 멘티미터를 통해 감상한 느낌을 나누었습니다. '악곡을 감상하고 생각나는 단어 3가지는?'이라는 질문에는 멘티미터의 워드클라우드 기능을 활용했습니다. 그리고 '악곡을 감상한 느낌과 생각은?'이라는 질문에는 멘티미터의 오픈엔디드 기능을 활용했습니다.

만약 글로 표현하고도 시간이 여유가 있거나, 이전에 글로 표현하는 활동을 해보았다면 그림으로 그려보는 활동을 해볼 수 있습니다. 감상한 느낌을 그림으로 표현할 때는 선, 도형, 색깔로 표현하도록 했습니다. 그리고 왜 보라색을 사용했는지, 왜 삼각형을 사용했는지 등 자신의 그림을 설명하는 시간을 가졌습니다. "음악을 들을 때 무서운 느낌이 들어서 보라색을 사용했어요." 아이들은 자신이 그린 그림을 설명하는 시간을 통해 악곡을 한 번 더 떠올리게 되고, 이는 악곡에 대한 깊은 이해로 이어집니다.

ON 2. 구글 뮤직랩으로 악곡의 주제 리듬 표현하기

악곡에 대해 조금 더 깊게 알아보기 위해 줌에서 악곡의 주제 리듬을 찾아보는 시간을 가졌습니다. 화면 공유 기능을 통해 다시 한번 악곡을 들으며 주제 리듬을 찾도록 했습니다. 주제 리듬은 쉽게 말하자면 악곡에서 반복되는 리듬을 뜻합니다. 주제 리듬을 찾은 후, 교사의 시범으로 손뼉을 쳐보며 주제 리듬을 따라 쳐보도록 했습니다. 줌

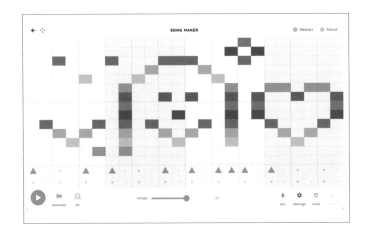

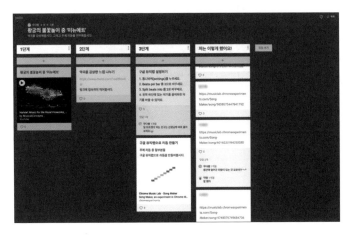

은 약간의 딜레이가 있기 때문에 아이들이 따라할 때 박자가 조금 안 맞더라도 이해하고 넘어가야 합니다.

주제 리듬에 익숙해진 후 구글 뮤직랩 '송메이커'를 활용해서 주제 리듬을 표현하는 활동을 진행했습니다. 송메이커는 음악을 만들 수 있는 간이 작곡 프로그램입니다. 칸을 클릭하면 색이나 도형이 칠해지면서 해당하는 칸에 음이나 박자가 입력됩니다. 송메이커는 자신이 만든 음악을 저장할 수 있기 때문에 완료한 과제는 패들렛에 업로드하도록 했습니다. 또한, 패들렛 댓글 기능을 이용해 아이들에게 과제에 대한 피드백을 해주었습니다. 과제를 일찍 끝낸 아이들은 박자를 입력하는 데 그치지 않고, 위의 그림처럼 송메이커를 꾸미기도 했습니다. 또 어떤 아이는 악곡의 멜로디를 입력하기도 했습니다.

OFF 3. 악곡의 셈여림 익히기

셈여림 학습지 예시

온라인 수업이 끝나고 나면 악곡을 낯설어하던 아이들도 악곡에 친숙해지게 됩니다. 오프라인 수업에서는 악곡을 들으며 악곡의 셈여림을 표현하는 활동을 진행했습니다. 박자에 맞춰서 셈여림을 표현해야 하기 때문에 온라인이 아닌 오프라인이 더 적합합니다. 악곡을 들어보면 어느 부분은 강하게, 또 어느 부분은 약하게 셈여림의 변화가 많습니다.

그래서 셈여림에 대해 알아보기 위해 간단한 게임을 통해 자연스럽게 배울 수 있도록 했습니다. 시작점에서 바둑돌을 튕겨서 셈여림 기호를 돌아오면 성공하는 놀이입니다. 땅따먹기를 활용한 놀이입니다. '피아노'는 가까이에 있으니 약하게 쳐야 하고, '포르테'는 멀리 있으니 강하게 쳐야 하기 때문에 자연스럽게 셈여림 기호를 체득하게 됩니다. 놀이를 통해 셈여림을 배우고 나서, 악곡을 들어보며 셈여림의 변화를 발표하도록 했습니다. 방금 재미있게 배우고 왔기 때문에 아이들이 "여기는 피아노에요", "여기는 포르테에요"라고 신나게 이야기합니다.

아이들이 발표한 셈여림의 변화를 칠판에 써놓습니다. 그리고 악곡을 들으며 셈여림의 변화에 맞게 3박자(쿵짝짝)를 몸으로 표현하는 시간을 가졌습니다. 쿵은 발구르기, 짝은 손벽으로 표현했습니다. 사진에서 보는 것처럼 포르테가 나오니 자리를 박차고 나오는 아이도 있었습니다.

피아노 - 여리게

포르테 - 세게

⑰ 음악

그림책과 함께하는
창작 수업

수업하기 전에

- 실감나는 그림책을 읽을 수 있도록 하는 즉흥 연주 수업입니다. 여기서 말하는 즉흥 연주는 악기를 능숙하게 연주하는 것이 아닌 목소리, 신체, 악기 혹은 물건을 가지고 간단하게 소리를 내는 것을 말합니다.
- 온라인 수업 준비: 패들렛 페이지와 그림책 자료가 들어갈 구글 프레젠테이션을 미리 준비합니다. 그림책은 한 시트에 하나의 장면만 들어갈 수 있도록 구성합니다. 단, 온라인에서 그림책을 활용할 때는 출판사의 저작권을 확인해야 합니다. 그리고 온라인 수업 시 저작권 기본 조치도 필수적으로 해야 합니다.
- 오프라인 수업 준비: 자신이 찾은 소리를 연주하기 위해 필요한 물건을 학생이 미리 준비하도록 합니다.

ON&OFF 연계 Tip

- 구글 프레젠테이션은 학생이 편집할 수 있도록 '편집자'로 공유합니다.
- 학생들이 편집한 구글 프레젠테이션을 오프라인 수업에서 그림책을 낭독할 때도 이어서 활용합니다.

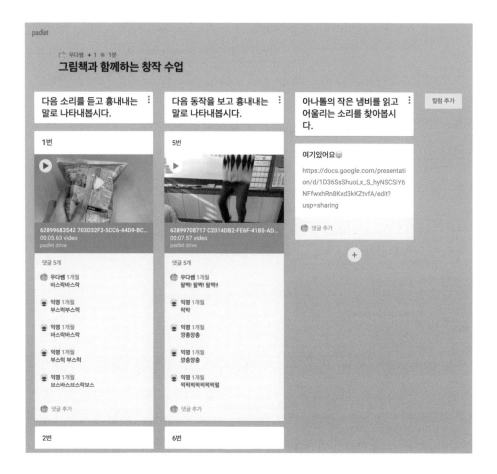

    주변 소리를 탐색하기에 앞서 교사가 제시한 소리와 동작에 대한 퀴즈를 풀어보도록 했습니다. 패들렛에 올린 영상을 보며 소리와 동작을 글로 표현해보는 퀴즈였는데, 이렇게 교사의 예시를 본 후 줌에서 '괴짜소리수집가' 놀이를 진행했습니다. '괴짜소리수집가'는 '괴짜수집가' 놀이를 변형한 것으로 물건 대신 소리를 찾아오는 놀이입니다. 예를 들어, "빗소리를 찾아오세요"라고 한다면, 학생들은 사기 주변에서 빗소리가 나는 물건을 카메라 앞으로 가져와야 합니다. 놀이는 카메라를 다 꺼놓고 시작하며, 소리를 찾아온 친구는 카메라를 켭니다. 여기서 주의할 점은 기존에 하던 '괴짜수집가' 놀이보다 더 넉넉하게 시간을 제공해야 합니다. 그리고 소리를 찾을 때 학생들이 입으로 내는 경우는 제외하는 게 좋습니다.

아이들과 놀이가 끝나면 본격적인 수업에 들어갑니다. 줌 화면 공유를 통해 구글 프레젠테이션에 올려둔 그림책을 읽습니다. 그림책을 읽은 후, 자신이 원하는 장면을 하나 선택하여 그 장면에 어울리는 소리를 찾도록 합니다. 찾았다면 위의 사진과 같이 이름과 소리를 연주하는 방법을 입력합니다. 이 구글 프레젠테이션은 오프라인 수업에서 참고하며 연주할 수 있는 자료가 됩니다. 구글 프레젠테이션으로 협업을 하면 어려움을 느끼는 아이도 친구의 예시를 보며 참고할 수 있어서 좋습니다.

2. 그림책 낭독에 맞춰 즉흥 연주하기

물통을 책상 위에 떨어뜨린다

온라인에서 여러 소리를 찾은 후, 교사가 읽어주는 그림책에 맞춰서 자신이 준비한 장면에 어울리는 소리를 즉흥으로 연주하는 시간을 가졌습니다. '냄비를 끌고 다녀요' 하며 그림책을 읽자, 물통을 책상 위에 떨어뜨리는 소리가 들렸습니다. 그림책을 다 읽고 나서는 기억에 남는 친구의 연주가 있는지도 물어보았습니다. 수업하면서 학생들이 친구가 어떻게 연주하고 있는지 집중하면서 듣고 있다는 사실을 알 수 있었습니다. 또 그냥 글을 읽을 때보다 더 재미있고, 학생들의 집중력도 뛰어났습니다. 창작 활동이라고 하면 어렵게 느낄 수 있지만, 자신의 아이디어를 간단한 방식으로라도 표현하는 거라면 모두 창작에 속한다고 볼 수 있으니 부담 갖지 않으면 좋겠습니다.

⑱ 미술
여러 가지 모습의
미술 수업

수업하기 전에

- 온라인 미술 수업을 생각하면 영상 자료를 올리는 것 이외에 너무 막연한 경우가 많습니다. 하지만 조금만 다르게 생각해보면 온라인 수업은 오프라인 수업과 다른 다양한 장점이 있습니다.
- 온라인 수업 준비: 먼저 수업에 필요한 재료를 제공하거나 집에서 구할 수 있는 재료로 수업을 구성하는 것이 좋습니다. 학생들이 직접 활용해볼 수 있는 표현 방법으로 디지털 페인팅을 추천합니다. 그러기 위해선 스타일러스 펜이 효과적입니다. 구글 잼보드, 프리젠테이션, 엑셀부터 기타 구글 아트앤컬쳐 등 다양하게 도울 수 있는 온라인 앱을 설치합니다. 무엇보다도 온라인에서 공유문서에 대한 매너를 가르쳐야 합니다.
- 오프라인 수업 준비: 가정에서 하기 힘들지만 학급에는 풍부하게 있는 재료를 가지고 다양한 표현 작업을 하는 데 중심을 둡니다.

ON&OFF 연계 Tip

- 차시별로 이어지도록 구성하여 미술 수업에 연속성을 가지면 좋습니다.
- 수업 형태에 따라서 다른 온라인 수업 방식을 구성해야 합니다.
- 공유문서로 수업을 할 때 다른 모둠 주소로 들어가 장난치는 일이 없도록 이야기합니다.
- 디지털 표현 활동을 확장하여 포스터도 제작해보며 제작한 포스터를 현실에 적용해 보도록 합니다.

ON 1. 과제 제시형 수업(e학습터, 유튜브) – 젠탱글

14번

크고 작은 동그라미가 붙어있도록 그려봅니다.

　온라인 미술 수업이라고 하면 떠올리기 쉬운 수업이 바로 과제 제시형 수업입니다. 과제 제시형 수업은 e학습터나 네이버 밴드 등 교사가 관리할 수 있는 플랫폼에 과제 영상이나 과제 자료를 제시하고 그 결과를 확인합니다. 따라서 과제자료나 영상을 교사가 직접 제작하거나 정선된 자료를 꼼꼼하게 선택하지 않으면 수업이 교사의 의도와 다르게 흘러가는 경우가 있습니다.

　이 수업의 장점은 크게 두 가지가 있습니다. 첫 번째는 학생들이 여러 번 반복해서 볼 수 있기 때문에 흔히 인터넷 강의와 똑같은 효과를 볼 수 있다는 것이고, 두 번째는 과정에서 서로 소통이 적기 때문에 수업 자체에 대한 부담이 학생과 교사 모두 적다는 점입니다.

　반면 아주 강력한 단점이 두 개 있는데, 첫째 바로 수업 과정에서 교사의 피드백을 주기 어렵고 결과만을 가지고 평가하게 됩니다. 둘째 학생들의 수업 과정을 확인하기 어렵기 때문에 수업에 얼마나 충실한지 알 수 없습니다.

이런 형태의 수업으로 가장 적합한 것은 젠탱글입니다. 자유로운 표현과 마음을 조절하는 법을 배우는 수업인 젠탱글에서 가장 중요한 것은 젠탱글 하는 과정을 학생들에게 보여주는 것입니다. 흔히 이 수업이 실패하는 가장 큰 원인은 도안만 학생들에게 줄 때 발생합니다. 그런데 젠탱글 하는 과정이 잘 드러나게 표현되어 있는 과제 제시형 수업이라면 학생들이 과정을 보며 잘 따라할 수 있고, 그 방법을 반복해서 보면 이해할 수 있을 만큼 역시 어렵지 않기 때문에 이런 형태의 수업으로 아주 적절합니다. 젠탱글을 '마냥 칸 채우기 아니냐'라고 생각할 수 있지만 집중력과 성실성을 길러줄 수 있습니다. 특히, 학생들이 비어 있는 공간을 무엇으로 채울지 모를 때 젠탱글의 패턴으로 채워보도록 조언해주면 그림을 성공적으로 마무리하는 데 많은 도움이 됩니다.

ON 2. 과제 제시형 + 실시간 수업(줌) - 다빈치 다리

앞서 소개한 과제 제시형 수업의 한계를 극복해보는 수업입니다. 먼저 과제 제시형 수업의 경우 교사가 자신의 수업 목적에 맞게 영상을 제작하거나 선택하지 않으면 수업이 교사의 의도와 다르게 흘러갈 가능성이 있습니다. 따라서 영상을 제작하거나 선택해야 하는데, 이때 생각보다 많은 시간과 노력이 들어갑니다. 그래서 먼저 완전한 수업 형태의 영상이 아니라 간단한 자료로 존재하는 영상을 보고 와서 그 작업 과정을 교사가 줌과 같은 앱을 이용해 실시간으로 피드백을 주고받으며 수업을 진행하는 방법이 효과가 있습니다.

대표적인 수업으로 다빈치 다리 만들기 수업을 소개하고자 합니다. 다빈치 다리는 다빈치가 만든 고정하거나 접착하는 재료 없이 재료가 위에서 누르는 하중만으로 더 튼튼하게 유지가 되도록 고안한 다리입니다. 학생들이 '건물 만들기' 같은 입체도형을 활용한 만들기 수업을 할 때 단순한 만들기만 아니라 구조물 사이에서 느껴지는 힘을 느껴보았으면 했는데 이 수업이 적절했습니다. 다만, 생각보다 만들기가 쉽지 않기 때

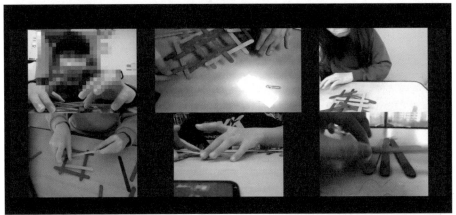

문에 중간에 교사의 피드백이 많이 필요합니다.

　먼저 유튜브에 아주 많은 다빈치 다리 만들기 영상을 간단하게 봅니다. 교사가 이후 피드백을 주며 수업할 것이므로 전체 수업이 다 담길 필요가 없습니다. 영상을 보았으면 줌을 이용해 학생은 자신의 작업과정을 교사에게 보여주며, 교사는 학생의 작업 과정을 보고 피드백해줍니다. 그사이에 그 사이에 필요한 사례나 과정 제시는 교사의 화면을 실물 화상기처럼 사용하여 학생들에게 보여주면 됩니다. 이런 방법으로 수업을 진행을 하면 수업 중 학생들이 겪는 실수를 교사의 피드백으로 매우 줄일 수 있습니다. 또한, 학생들이 수업하는 장면을 교사가 볼 수 있기 때문에 학습태도에 대한 적절한 피드백도 가능합니다.

ON   3. 디지털 드로잉(이비스페인트) - 트레이싱

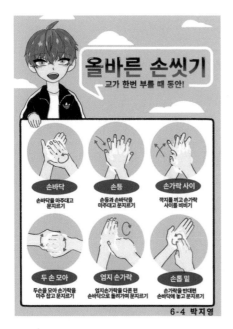

　학급에서 수업하는 오프라인 수업과 다르게 온라인 수업에서는 재료의 한계로 학생들의 표현활동에 제약이 많이 생깁니다. 하지만 디지털 드로잉을 할 수 있는 프로그램과 앱을 활용하면 학생들이 새로운 표현 수단을 하나 더 가질 수 있는 기회가 되며, 앞으로 학생들의 디지털화된 환경을 고려해본다면 디지털 드로잉을 배우는 것은 큰 도움이 됩니다.

　먼저 프로그램이나 앱 자체를 교사가 익혀야 하는데, 이건 유튜브에 아주 많기 때문에 약간의 공부가 필요합니다. 다음으로 줌에 교사의 PC뿐만 아니라 핸드폰으로 추가 접속하여 호스트로 화면 공유하면 학생들과 똑같은 폰 화면을 보면서 학생들에게 앱의 기능들을 가르쳐줄 수 있습니다. 그중에 가장 처음으로 추천하는 것은 트레이싱(Tracing)입니다. 트레이싱은 아래 레이어에 사진이나 그림을 깔고 위 레이어에서 따라 그리는 것을 말합니다. 이 방법이 직접 미술 실력을 기르는 데는 도움이 되지 않지만 처음부터 '그럴싸한 작품'을 만들어준다는 점에서 초반, 학생들의 흥미를 일으키는 데 매우 유용합니다. 또한, 꼼꼼하게 트레이싱하면 할수록 더욱 완성도가 높아지기 때문에 학생들의 성실성을 기르는 데도 도움이 됩니다. 처음에는 트레이싱 하는 모델로 담임교사를 하는 것이 좋습니다. 담임교사를 희화화한다는 것 자체가 학생들에게 큰 즐거움이며 이 수업에 대한 학생의 부담감을 많이 낮추는 데 큰 도움을 줍니다. 다음으로론 학생들이 좋아하는 연예인이나 아이돌로 작업을 하면 학생들이 아주 즐겁게 자신만의 스타일로 작품을 완성할 수 있습니다.

익숙해지면 포스터나 간단한 4컷 만화부터 시작해 웹툰으로도 발전시킬 수 있습니다. 온라인에서 디지털의 작업으로만 끝나지 않고 실물로 뽑아서 손에 잡히는 실제 작품으로 학생들이 느껴보도록 합니다.

ON&OFF 4. 구글 프리젠테이션으로 로고 디자인 하기

먼저 오프라인 수업으로 모둠 NGO 로고 만들기 계획을 짭니다. 이 오프라인 수업을 하면서 로고 디자인 자체에 대해서 학생들이 놀이를 통해 공부해보고 모둠을 상징할 수 있는 로고를 어떻게 디자인할지 계획도 세웁니다.

그리고 다음 차시에 온라인 수업으로 구글 프리젠테이션을 이용해 학생들이 각각의

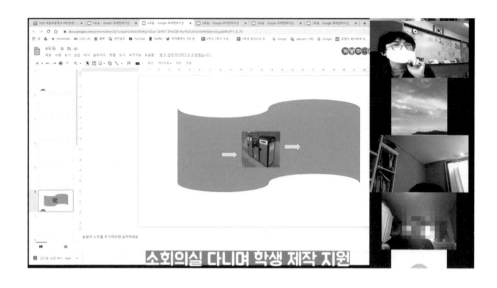

슬라이드에 자신의 모둠을 나타낼 수 있는 예상 안을 직접 표현해봅니다. 학생들이 모둠별로 대화를 수월하게 할 수 있도록 줌에서 모둠별 소회의실을 열어주면 좋습니다. 구글 문서들의 장점이 이미지를 삽입할 때 바로 구글 검색이 가능하다는 점입니다. 그래서 각각의 학생이 자기가 생각한 디자인을 구체적으로 디자인해보면 서로 이야기를 나누면서 어떤 디자인이 가장 좋은지 또, 어떤 점을 개선하면 좋을지 이야기를 해보면서 최종 디자인을 만듭니다.

이 작업이 진행되는 과정이 교사 입장에선 구글 프리젠테이션 화면에 나타나기 때문에 학생들이 어떤 상황에 있는지 확인할 수 있고 적절한 피드백을 줄 수 있습니다. 또 소회의실을 다니며 도움이 필요한 학생들에게 도움을 줄 수 있으며 참여하지 않거나 불성실한 학생들을 독려할 수 있습니다.

그리고 다음 차시에서는 완성본을 학급 밴드에 올리고 학급밴드에 올라온 결과물들을 보면서 학급 전체가 서로 이야기를 나누고 각 모둠은 제작 과정이 어떠했는지, 목적에 부합하는지 이야기를 나눠봅니다. 그 과정에서 서로 동료평가를 해보고 설문이나 투표를 통해서 가장 뛰어난 로고 디자인을 뽑아보는 수업입니다.

명화에 대해서 공부하는 것은 단순하게 아는 것이 많아지는 것에서 머무르지 않습니다. 학생들이 길을 가다가도 어디선가 본 작품, 나아가 이름이라도 얼핏 들어본 작가가 나온다면 성인이 되고 나서 미술 생활을 향유하는 데 훨씬 풍요로워지기 때문입니다. 바로 아는 만큼 느낄 수 있고 느끼는 만큼 즐길 수 있기 때문에 심리적이 벽을 허문다는 점에서 아주 중요합니다.

먼저 학생들이 자기가 그리고 싶은 미술 작품을 조사해 옵니다. 아크릴 물감으로 그릴 것이기에 붓 터치가 강한 작품이 편합니다. 학생들이 선택한 미술 작품은 학급 밴드에 댓글로 업로드를 합니다. 밴드의 편리한 기능 중에 댓글 다운로드가 있는데, 한번에 다운 받을 수 있습니다. 오프라인 수업이었다면 하나하나 뽑아주는데 굉장히 힘들었을 일입니다. 다운받은 학생들의 파일을 실감나게 보여주기 위해 전시회장의 한 장면에 학생들이 조사한 작품을 액자 그림과 겹쳐서 PPT로 만들어줍니다. 제작한 PPT를 이용하여 학생들이 자기가 조사한 작품을 도슨트가 되어 발표해봅니다. 종종

같은 작품을 하는 경우가 있으나 해설이 다르길 바라며 모두 발표해봅니다.

다음 차시엔 오프라인 수업으로 등교하여 학생들이 직접 아크릴 물감으로 자신이 조사하고 발표한 명화를 모작해봅니다. 아크릴 물감은 건조가 빠르고 수정이 자유롭다는 큰 장점이 있습니다. 학생들이 작업을 하다가 실패했다 하더라도 아크릴 물감은 수채화나 다른 재료들에 비해 수정이 쉽기 때문에 수정이 어려워 '망했다'는 상황에 빠지는 것이 아니라 '힘들지만 고치면 된다'는 생각을 가지게 됩니다. 이런 점을 이용하여 꾸준하고 지속적으로 고쳐가며 자기가 고른 그림을 모작해봅니다. 모작을 하지만 자기만의 느낌과 스타일이 더해집니다.

ON 6. 감상하기 - 구글 아트앤컬쳐

온라인 수업의 가장 큰 장점은 감상을 활용할 수 있는 다양한 재료들이 있다는 점입니다. 그중 구글 아트앤컬쳐는 구글에서 만든 사이트이자 앱입니다. 이 앱의 장점은

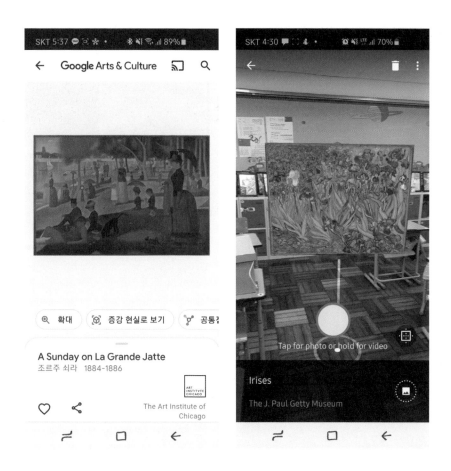

크게 2가지로 볼 수 있습니다.

첫째, 작품을 감상하는 데 도움이 되는 많은 기능이 있습니다. 먼저 고해상도로 유명한 작품들을 스캔해두어 그 작품을 확대해서 보면 작가의 섬세한 표현을 자세하게 알아볼 수 있습니다. 또한, 증강현실을 이용하여 현실에서 작품의 실제 크기가 어느 정도 인지도 알아볼 수 있는 등 다양한 기능이 있습니다.

둘째, 다양한 게임 기능이 있어 자칫 지겨울 수 있는 감상수업을 재미있게 도와줍니다. 대표적인 것이 나의 얼굴과 닮은 작품 속 인물을 찾아주는 게임입니다. 이 게임을 해보면 학생들이 정말 알기 어려운 작품과 작가도 알게 되는데, 그 작품이 조금이라도

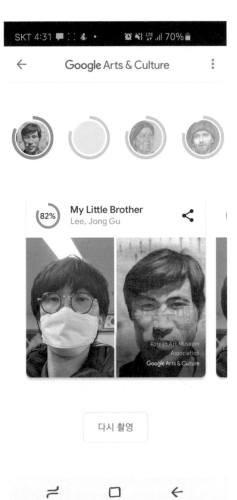

자기랑 닮았다는 점 때문에 관심을 많이 가집니다. 또 그 작품이 있는 처음 들어보는 미술관, 박물관에 대한 장소, 정보도 알 수 있기 때문에 학생들이 작품을 감상하고 이해하는 폭을 넓힐 수 있습니다.

이외에도 증강현실로 박물관 자체를 재연해보거나 단순 미술뿐만 아니라 음악과 미술을 결합한 다양한 활동들로 학생들의 흥미를 이끕니다.

⑲ 영어
영역별 언어 특성을 반영한
영어 수업 한 단원 설계하기

수업하기 전에

- 영어 교과 한 단원은 4가지의 언어 영역을 학습하기 위해 각 차시별로 서로 다른 영역에 초점을 맞추어 구성되어 있습니다. 그중에서 비디오 클립 시청이 많은 듣기 영역과 비말이 발생할 수 있는 말하기 수업을 온라인 수업으로 구성했고, 쓰기와 단원 복습은 교사가 아이들의 수준을 확실히 파악해야 하는 영역이라서 오프라인으로 구성했습니다.
- 언어 영역 중에서 온라인 수업 상황에서 가장 학습격차가 나는 부분이 쓰기 영역이라고 생각합니다. 쓰기 영역을 강화하기 위해서 읽기와 쓰기로 같이 묶인 3차시 문자 언어 영역 중, 쓰기 영역을 오프라인 수업 한 차시로 재구성했습니다.
- 온라인 수업 준비: '1. 듣기-새로운 표현 익히기'에서는 줌으로 할 수 있는 게임을 소개했습니다. '3. 읽기-읽기 게임 및 온라인 과제'에서는 두 가지 프로그램 '패들렛'과 '뱀부즐'을 활용했습니다.
- 오프라인 수업 준비: '2. 쓰기-단어 쓰기 활동'에서는 학생들마다 알파벳 쓰는 속도가 다르니 학생들이 여유를 갖고 쓸 수 있도록 하면 좋습니다. '4. 복습-단어 쓰기 및 전체 단원 복습'에서는 학생들의 게임 활동을 관찰하며 개개인의 학습 수준을 파악할 수 있습니다.

ON&OFF 연계 Tip

- 줌에서 '반응' 기능을 활용하면 듣기 게임을 할 때 학생들의 활동 상태를 쉽게 파악할 수 있으므로 학생들에게 '반응' 기능을 알려주면 좋습니다.
- 패들렛의 '녹음' 기능은 노트북에서 가장 쉽게 활용할 수 있습니다. 데스크탑 컴퓨터를 활용하는 경우 마이크가 있어야 하고, 스마트폰에서는 녹음 기능이 작동하지 않습니다. 따라서 '녹음' 기능 활용이 어려운 상황에서는 영상 업로드 기능을 통해 스마트폰 영상을 업로드하는 것으로 대체할 수 있습니다.

ON 1. 듣기 – 새로운 표현 익히기

듣기 수업은 온라인과 오프라인 수업의 간극이 가장 적은 영역입니다. 저는 새로 배울 표현을 여러 번 듣고 그 표현에 익숙해지는 것이 1차시의 목표라고 생합니다. 그래서 그 단원에서 배우는 영어 표현을 최대한 반복적으로 들을 수 있도록 수업 영상을 구성했습니다. 원어민 교사가 있는 학교라면 이 부분 영상 제작을 원어민 교사가 해주면 좋습니다. 한글 설명이 필요 없는 부분이라 원어민 교사가 맡아 해주는 데도 어려움이 없습니다.

아이들이 온라인으로 영상을 보고 난 후에 줌에서는 직접 제작한 PPT로 표현을 다시 한번 연습하고, 4 Corners Game을 진행했습니다. 4 Corners Game은 표현을 듣고 4개의 코너 중 한 곳을 선택하는 게임으로 듣기 영역에 적합합니다. 줌 반응 기능을 활용하여 학생들이 각자 한 코너를 선택할 수 있고, 줌 메뉴의 '더 보기-주석자 이름 표시'를 통해 어떤 학생이 어떤 코너를 선택했는지 확실하게 알 수 있습니다. 템플릿을 작성해두고 각 단원의 표현에 맞는 그림이나 단어로 변경할 수 있으므로 여러 단원에 활용할 수 있습니다.

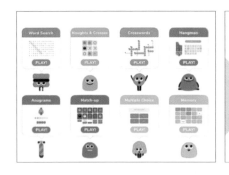

　읽기와 쓰기를 분리하여 쓰기를 한 차시로 구성한 이유는 쓰기를 어려워하고 싫어했던 학생들이 한 자라도 직접 써보면서 영어 알파벳에 익숙해질 수 있도록 하기 위해서입니다. 따라서 쓰기 수업에서는 학생들에게 단어 쓰기 시간을 충분히 주지 않으면 쓰기를 어려워했던 학생들이 쉽게 흥미를 잃고 포기할 수 있습니다. 귀찮다는 이유로, 또는 반복된 실패 경험에 좌절하여 쓰기 활동에 참여하지 않는 학생들을 많이 보셨을 겁니다. 본격적인 단어 쓰기를 하기 전에 파닉스에 근거하여 알파벳 한 자, 한 자가 어떤 소리를 내고, 그 소리들이 모여 단어가 어떻게 소리 나는지를 다시 한번 천천히 복습합니다. 그리고 '에듀캔디'라는 프로그램을 통해 간단한 단어 게임을 만들어 활동지에 직접 쓰도록 합니다. 에듀캔디를 활용하면 링크 공유를 통해 온라인으로도 게임을 제시할 수 있지만, 직접 쓰는 기회를 제공하기 위해 활동지를 제공해 연필로 알파벳을 써볼 수 있도록 수업을 구성했습니다.

　이렇게 다양한 활동을 통해서 계속 쓰기 활동을 하면 학생들은 수업 시간 내에 같은 단어를 적어도 두세 번은 써보게 됩니다. 학생들이 단어를 쓰는 동안 교실을 순회하며 잘 못 쓴 알파벳을 바르게 수정해주세요. 이러한 쓰기 수업을 통해 알파벳 쓰기에 익숙하지 않았던 학생들도 조금씩 쓰기 실력이 향상되는 것을 확인할 수 있습니다.

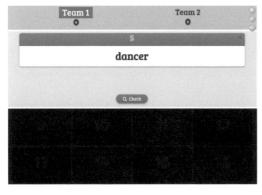

읽기 영역 수업도 역시 PPT를 활용하여 모든 단어를 파닉스에 기초하여 한 글자씩 읽어 보며 수업을 시작했습니다. 읽기 게임으로는 '뱀부즐(Baamboozle)' 웹사이트를 활용하여 구성했습니다. 뱀부즐은 팀 게임에 적합하게 설계되어 있어서 줌에서도 간편하게 팀 게임을 가능하게 해줍니다. 팀 게임을 할 때는 줌에서 '보기-호스트 비디오 순서 따르기' 기능을 활용하면 좋습니다. 이 기능은 교사가 정한 참가자 비디오 순서 그대로 학생들도 볼 수 있게 해주는 기능이에요. 이 기능을 사용하지 않으면 학생마다 보이는 참가자 비디오 순서가 달라서 팀을 나누는 데 어려움이 있을 수 있어요.

그리고 '패들렛'을 활용하여 읽기 온라인 과제를 제시했습니다. 그 단원의 단어 또는 문장을 패들렛에 올려 둡니다. '선반' 유형을 활용하여 미리 학생들의 이름을 적어 두고 과제를 제출하도록 하면 '패들렛'만으로도 학생 개개인의 포트폴리오가 탄생할 수 있습니다. 학생들은 음성 녹음 기능을 이용하여 단어 또는 문장을 녹음하여 패들렛에 올립니다. 이렇게 모은 자료는 평가 근거로 활용할 수 있습니다. 패들렛의 반응 기능을 활용하면 학생 간의 동료평가도 가능합니다.

OFF **4. 복습 – 단어 쓰기 및 전체 단원 복습**

쓰기 수업을 마친 후에는 매시간 짧은 단어 쓰기 게임을 하면서 수업을 시작해요. 학생들에게 영어 쓰기 기회를 많이 제공하여 알파벳에 익숙해질 수 있도록 하기 위해서입니다. 이 짧은 단어 쓰기 게임은 영어를 잘하는 학생도 재미있게 게임에 참여하고, 알파벳을 모르는 학생도 좌절하지 않고 참여할 수 있도록 5분 정도 동안 이루어집니다. 저는 쓰기 수업에서 활용했던 '에듀캔디'의 'anagram'을 가장 많이 활용하고 있습니다. 본격적인 수업을 시작하기 전, 5분 정도를 단어 쓰기 게임으로 시작하고, 전체 복습을 할 수 있는 게임을 진행합니다.

전체 복습 게임은 영어 수업에 많이 활용하는 게임 형태를 도입하여 팀 게임으로 진행하되, 팀별로 한 명씩 돌아가며 문제를 선택합니다. 팀 게임이지만 한 명씩 문제를 선택해서 풀어야 하기 때문에 문제를 푸는 과정에서 교사는 학생 개개인의 수준을 평가할 수 있습니다. 복습 단원인 만큼 모든 문제는 학생들이 답변을 한 후에 교사가 다시 답을 말하고 학생들이 따라 하는 형태로 진행하고 있습니다. 학생들은 문제를 풀고 나서 몇 점이 나오는지에 관심이 가장 크기 때문에, 선생님을 크게 따라 말한 후에 점수를 확인하는 형태로 게임을 진행하면 학생들의 높은 참여를 이끌어낼 수 있습니다.

이렇게 온앤오프 연계수업으로 영어 한 단원의 구성을 설계해 모든 단원에 적용하여 수업을 진행했습니다. 다만, 차시마다 게임을 다르게 구성하여 학생들이 수업 패턴에 익숙하여 흥미를 잃지 않도록 수업을 준비했습니다. 온라인과 오프라인 특성에 맞춰 수업을 재구성하니 온라인 수업의 단점은 오프라인 수업의 장점으로, 오프라인 수업의 단점은 온라인 수업의 장점으로 상호보완할 수 있었습니다. 그리고 온라인 수업으로 놓치기 쉬웠던 학생들의 수준을 조금 더 체계적으로 파악할 수 있게 되었습니다.

내 로봇에 투자해줘!
로봇 크라우드 펀딩

수업하기 전에

- 3학년 1학기 [동물의 한살이] 단원의 마지막 차시에는 '동물의 특징을 활용한 로봇을 설계하기' 활동이 제시되어 있습니다. 이 활동을 '로봇 크라우드 펀딩' 콘셉트로 엮기 위해 프로젝트형 수업으로 재구성했어요. 동물의 특징을 활용한 로봇을 설계하고, 투자를 받아 로봇을 만들어보는 목표를 가지고 단원의 각 차시 수업이 진행됩니다.
- 온라인 수업 준비: 각 차시 수업의 사전과제인 '1. 다양한 동물 조사하기'와 작품 전시의 공간적 한계를 뛰어넘고 지속적인 피드백이 필요한 '3. 로봇 투자 설명회'는 온라인 수업으로 진행됩니다. 이에 따라 패들렛, QR코드, 구글 설문 링크 등이 필요합니다.
- 오프라인 수업 준비: 로봇을 그림으로 그려 설계해보고 직접 만들어보는 '2. 로봇 설계하기', '4. 로봇 만들기 & 투자자께 감사 편지 쓰기'는 오프라인 수업으로 진행됩니다. 4. 로봇 만들기 활동에서는 교사가 미리 준비한 재료를 주어진 금액 안에서 구매하여 제작하는 방식을 적용했습니다.

ON&OFF 연계 Tip

- 조사 관련 학습이 나오는 모든 교과와 단원에서 학생들이 조사한 자료를 게시하는 플랫폼으로 '패들렛'을 활용할 수 있습니다.
- 패들렛 링크는 미리 클래스팅이나 e학습터에 게시합니다.
- 패들렛을 '온라인 전시' 공간으로 활용할 경우 패들렛의 다양한 서식 중 '담벼락' 또는 '그리드' 양식을 선택해 보세요. 학생들의 작품을 깔끔하게 나열시켜 볼 수 있습니다.
- '네이버 큐알코드 만들기'로 쉽고 빠르게 QR코드를 만들 수 있습니다.

ON 1. 다양한 동물 조사하기

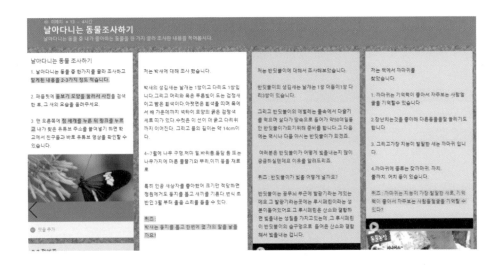

　먼저 교과서에 제시된 흐름에 따라 '사는 곳에 따른 여러 동물의 생김새와 생활방식'에 대해 알아봅니다. 각 차시 수업에 앞서 '사는 곳'에 따른 동물의 종류, 생김새, 생활방식에 대해 조사하는 과제를 내주었습니다. 수업 중 일반적인 조사학습 방식으로 컴퓨터실에서 자료 검색하기, 동물도감 찾아보기 등의 활동입니다. 하지만 학교 내 와이파이 구축 문제, 학생 수준에 맞는 도서의 부재 등 수업 중에 현실적으로 활용하기 어려운 측면이 있습니다. 그래서 온라인 플랫폼 패들릿을 활용했습니다. 학생들이 각자 집에서 주제에 맞는 동물들을 조사한 후, 그 내용을 패들릿에 게시하도록 했습니다. 동물의 사진이나 자신이 조사한 내용을 올리기도 하고 관련된 유튜브 영상을 링크하기도 했습니다. 교사는 수업 중에 학생들이 조사한 자료들을 수업에 활용할 수 있습니다. 학생들이 조사한 자료들이 또 하나의 교재가 되는 것입니다. 교사가 제공하는 자료 혹은 교과서의 내용을 수동적으로 받아보는 것이 아니라 학습의 능동적 참여자가 되어보는 것입니다. 학생들이 직접 선택하고 조사한 동물을 가지고 이야기를 나누는 것만으로도 학습 과정에서 충분한 동기유발이 가능합니다.

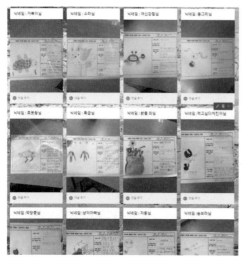

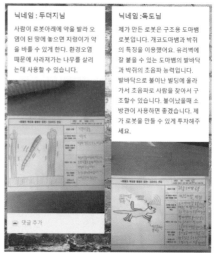

학생들이 조사한 과제를 바탕으로 사는 곳에 따른 동물들의 생김새와 생활방식을 학습한 후, 동물들의 특징을 활용한 로봇개발 사례를 알아보았습니다. 이 오프라인 수업에서는 다양한 로봇들이 어떤 동물의 어떤 특징을 활용했는지, 그 로봇이 우리 생활에 어떤 도움을 주는지 충분히 이야기를 나눴습니다.

충분한 브레인스토밍이 되었다면 이제 동물의 특징을 활용한 나만의 로봇을 설계해 봅니다. 학생들이 설계서를 만들면 교사는 휴대폰으로 즉시 학생들의 학습지를 촬영하고 패들릿 페이지에 업로드합니다. 휴대폰에 패들릿 앱을 설치 후 미리 패들릿 페이지를 개설해두면 수업 중에는 바로 사진을 찍어 올리기만 하면 된답니다. 교실 TV 화면에 패들릿 페이지를 띄워놓으면 학습 중 동기유발에도 효과적입니다. 자신의 학습 결과물이 바로 화면에 뜨는 것을 볼 수 있고 다른 친구들의 결과물을 보며 자신의 작품에 참고할 수도 있기 때문입니다. 이렇게 완성된 패들릿 페이지는 이후에 이어질 활동인 '로봇 투자 설명회' 공간이 됩니다.

　학생들은 자신의 작품이 전시되어 있는 온라인 공간인, 패들릿 안에서 프로젝트 활동을 이어갑니다. 학생들의 설계서가 게시되어 있는 패들릿 링크를 학생들에게 공유하고, 자신의 설계서 아래에 '댓글' 기능을 이용해서 부가적인 설명을 덧붙이도록 과제를 내주었습니다. 또 서로의 설계서를 살펴보며 피드백을 주고받도록 했습니다. 이렇게 학습 결과를 온라인으로 전시하는 것은 두 가지 큰 장점이 있습니다. 첫째, 학교 밖으로까지 학습 공간을 확장해준다는 것. 둘째, 온라인 공간에서 지속적인 피드백이 가능하다는 점입니다.

　이러한 온라인 전시 방법은 '크라우드 펀딩 모집'이라는 프로젝트 수업과 만나 더욱 빛을 냈습니다. 학생들이 크라우드 펀딩, 즉 '프로젝트를 인터넷에 공개하고 익명의 다수에게 투자를 받는 방식'에 더 몰입할 수 있도록 했기 때문입니다. 학생들에게 '온라인 로봇 투자 설명회'에 접속할 수 있는 링크를 QR코드로 만들고 3~4장씩 인쇄하여 나눠주었습니다. 그리고 자신의 로봇 설계서를 홍보하면서 투자자를 모집해오도록 안내했습니다. QR코드를 받은 투자자들은 '온라인 로봇 투자 설명회'에 접속하여 학생들의 설계서를 살펴볼 수 있도록 했습니다. 펀딩이 시작되면 패들릿 페이지에 구글 설문 링크를 연결하여 어떤 로봇에 얼마를 투자할지 선택할 수 있도록 했습니다.

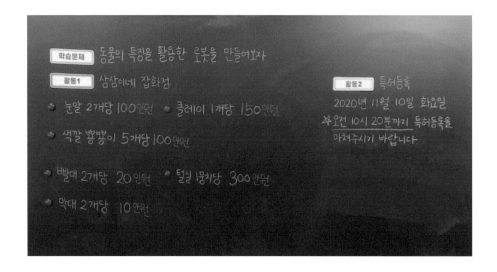

다음 활동은 오프라인 미술 수업과 연계했습니다. 로봇 설계서를 바탕으로 실제 학생들이 구상한 로봇을 만들었습니다. 열심히 자신의 로봇을 홍보하며 투자자들을 모았을 학생들에게 크라우드 펀딩을 제대로 경험하게 하고 싶었습니다. 그래서 자신이 받은 투자금액 내에서 교사가 제공한 만들기 재료를 살 수 있도록 했습니다.

로봇을 완성한 후에는 1학기 국어 [내 마음을 편지에 담아] 단원의 '마음을 전하는 글쓰기' 수업과 연계하여 활동했습니다. 투자자들에게 감사의 마음을 표현하는 글을 써보고, 이 마음을 담아 감사 인사 영상을 찍어 투자자들에게 전송하는 활동으로 프로젝트를 마무리했습니다.

저에게 투자를 해 주신 투자자님들 감사합니다.

이 로봇이 사회에 도움이 되길 바랍니다.

다음에도 이런 것을 한다면 저에게 또 투자해주세요.

㉑ 프로젝트

언택트 발표회!
쇼미 더 의식주생활

수업하기 전에

- 3학년 2학기 [1-2.환경에 따른 의식주생활모습] 단원은 크게 의생활, 식생활, 주생활의 3가지 파트로 나뉘어 있습니다. 여러 사례를 통해 각 고장의 환경에 따라 의식주생활 모습이 다르다는 내용을 학습합니다. 단원 도입 부분에서 이번 프로젝트의 최종 목표 인 '온라인 발표회'에 대해 소개하고 매 차시 학습에 대한 동기를 유발했습니다.
- 온라인 수업 준비: '1. 여러 고장의 의식주생활 조사하기'는 패들릿을 활용했습니다. '4. 줌으로 온라인 발표회 열기'에서 교사는 기본적으로 '화면공유' 기능에 익숙해야 하고, 학생들이 '주석' 기능을 이용할 줄 알면 발표회를 더 재미있게 진행할 수 있습니다. 자 신이 준비한 주제와 어울리는 가상배경을 설정하면 더 재미있게 진행할 수 있지만 가 끔 가상배경화면과 학생 얼굴이 뒤바뀌어 나오는 경우가 있어서 정작 중요한 의상이 나 음식이 잘 보이지 않을 수 있습니다.
- 오프라인 수업 준비: '2. 환경에 따른 의식주생활 학습하기'에서는 학생들이 조사한 온 라인 과제물을 수업자료로 활용했습니다. '4. 온라인 쇼 계획하고 연습하기' 시간에는 쇼를 위한 개별지도 시간입니다. 줌 온라인발표회 당일에 돌발상황들을 최소화하기 위 해 오프라인 수업 시간을 충분히 활용합니다.

ON&OFF 연계 Tip

- 학생들이 조사한 자료를 패들릿에 업로드하여 수업 중 활용할 경우 패들릿의 다양한 서식 중 '담벼락' 또는 '그리드'를 활용하면 함께 보기에 편리합니다. 서식 중 '캔버스'를 이용하면 가끔 학생들이 다른 친구가 업로드한 자료를 가려놓을 때가 있습니다.
- 온라인 발표회에서 주석 기능, 채팅 기능 등을 적절하게 활용하여 참여를 유도해보세 요. 부끄러움이 많은 친구들도 자신에게 맞는 방법을 선택해서 수업에 적극적으로 참 여할 수 있습니다.

2020년에 찍은 사진 중 베스트 사진을 올려주세요.
전신(머리부터 발끝까지) 나온 사진으로 올려주세요.

사진에 대한 설명이나 이름 없이 올려주세요. 퀴즈로 사용할거예요. :)

※ 나무가 나온 사진은 되도록 피해주세요! 어떤 계절인지 너무 쉽게 맞추면 재미 없어요 :) ※※

1. 사진을 올릴 때는 머리부터 발끝까지 나온 사진으로 올려주세요.

2. 2020년에 찍은 사진이 없다면 직접 가지고 있는 인화된 사진을 휴대폰으로 찍어서 올려도 좋아요.

 교과서에서는 '우리 고장 사람들과 다른 고장 사람들의 의생활/주생활/식생활 모습 비교하기' 수업을 각각 1차시씩 총 3차시에 걸쳐 수업하도록 안내하고 있습니다. 학생들은 매 차시 수업하기 전에 온라인으로 사전과제를 수행했습니다. 과제를 업로드하는 플랫폼은 패들릿을 활용했습니다.

 '의생활' 수업에서는 '올해 내가 찍은 사진 중 가장 잘나온 전신사진을 올리기' 숙제를 내주었습니다. 온전히 오프라인 수업으로 진행했다면 사진을 직접 교실로 들고 오게 했겠지만, 학생 모두가 동시에 자료를 공유해보거나 자료를 통해 소통을 하기는 어렵다는 단점이 있습니다. 이렇게 패들릿에 자료를 업로드하면 학생들이 제출한 모든 과제물을 패들릿이라는 공간에서 함께 보며 수업 자료로 활용할 수 있어요. 자료 활용 측면에서 훨씬 효율적인 수업을 진행할 수 있습니다. 이어지는 차시의 '식생활' 수업 전에는 '내가 먹은 최고의 밥상' 찍어 올리기 과제를 제시하고, '주생활' 수업에서는 '여러 나라의 다양한 주생활'에 대해 조사해 패들릿에 업로드하고 수업 시간에는 조사한 자료를 바탕으로 퀴즈를 내는 방식으로 수업을 진행했습니다.

OFF ## 2. 환경에 따른 의식주생활 학습하기

'의생활' 오프라인 수업의 목표는 '우리 고장 사람들과 다른 고장 사람들의 의생활을 비교할 수 있다'였습니다. 학생들이 과제를 제출했던 패들릿 화면을 모든 학생이 볼 수 있도록 TV 화면에 띄워놓고 '추억 속 계절 맞추기' 수업을 진행했습니다. 친구들이 올려놓은 사진을 보고 어떤 날씨 혹은 계절이었는지 추측합니다. 자연스럽게 친구들의 옷차림 특징을 관찰하고 이것을 답의 근거로 어떤 날씨나 계절이었는지 이야기하게 됩니다. 또, '우리 고장'의 의생활에 대해 학습한 후에는 교사가 준비한 자료를 보며 우리 고장의 의생활과 '다른 고장'의 의생활을 비교하며 학습했습니다.

이렇게 학생들과 직접적인 관련성이 있는 자료를 수업에 사용하면 학습에 대한 흥미도와 학습내용에 대한 집중력이 향상됩니다. 이러한 효과들을 기대하는 수업을 준비한다면 패들릿이 적절한 플랫폼이라고 할 수 있습니다. 학생들이 준비한 자료를 수업 중 가장 쉽고 효과적으로 활용할 수 있기 때문입니다. '식생활'과 '주생활' 오프라인 수업에서도 학생들이 조사해온 자료를 활용해 수업을 진행했습니다. 다양한 사례들을 바탕으로 여러 고장의 의식주생활을 비교해보았습니다.

OFF ## 3. 온라인 쇼 계획하고 연습하기

여러 고장의 의식주생활에 대해 알아보고 비교하는 학습을 모두 마친 후에는 본격적으로 쇼를 위한 준비를 시작합니다. 의식주생활쇼는 2차시 분량의 수업 시간 동안 3부로 나누어 진행했습니다. 1부는 의생활 패션쇼, 2부는 식생활 먹방쇼, 3부는 주생활 퀴즈쇼로 구성했습니다. 학생들은 자신이 하고 싶은 쇼를 한 가지 고르고, 어떤 내용을 어떤 식으로 발표할지 자세하게 계획을 세웠습니다. 교사는 학생들의 계획서를

확인하며 필요한 부분을 보충해주고, 계획이 세워지면 1분 내외의 대본을 짜서 연습하도록 했습니다. 오프라인 발표회는 현장에서 교사의 피드백과 돌발상황에 대한 대처가 어느 정도 가능하지만, 온라인 발표회는 여러 제약과 돌발상황이 더 많기 때문에 사전준비를 꼼꼼히 해야 합니다. 예를 들어, 의생활 패션쇼에서는 선생님이 음악을 공유해주면 두 가지의 포즈를 취하도록 약속했습니다. 식생활 먹방쇼에서는 음식을 몇 입 먹을 것인지를 정하고, 주생활 퀴즈쇼에서는 어떤 식으로 퀴즈를 낼 것인지 등에 대해 자세하게 계획하고 준비했습니다.

ON   4. 줌으로 온라인 발표회 열기

발표회는 줌으로 진행하기 때문에 학생과 교사는 줌의 기본적인 기능들을 미리 익혀두어야 합니다. 학생들은 '주석 기능'(텍스트 쓰기)과 '채팅창에 글쓰기 기능'을 교사는 '화면공유', '비디오 추천' 등의 기능을 자유롭게 다룰 수 있어야 합니다. 쇼를 시작하기 전에 '주석 기능'(텍스트 쓰기)을 활용해 참여소감 나누기를 했습니다. 학생들이 오프라인 발표회 못지않은 긴장감과 설렘을 가지고 참여했다는 것을 확인할 수 있었습니다. 각 학생 차례가 되면 그 학생을 '모두에게 추천(추천비디오)'하는 옵션을 클릭하

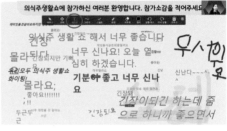

고 전체 화면에 학생이 나온 것을 확인한 뒤 학생이 준비한 것을 발표했습니다. 의생활 패션쇼에서는 자신의 옷차림에 대해 설명하고 그 고장에서는 왜 그런 옷차림을 하는지 미리 준비한 내용을 발표하도록 했습니다. 화면공유 기능 중 '소리공유' 기능을 통해 패션쇼 음악을 틀어주고 음악이 나오면 준비한 포즈를 취하도록 했습니다. 식생활 먹방쇼에서는 간단하게 바나나 같은 열대과일이나 집에 있는 반찬을 준비한 학생도 있었고, 부모님의 도움을 받아 비빔밥이나 냉면 같은 일품요리를 준비한 학생도 있었습니다. 오프라인 수업이었다면 실현하기 어려웠겠지만, 온라인이기 때문에 가능한 먹방쇼였습니다. 주생활 퀴즈쇼에서는 준비한 학생이 퀴즈를 소리 내어 읽고, 다른 학생들이 채팅창에 선착순으로 대답하는 방식으로 진행했습니다.

평소에 자진해서 발표를 하지 않는 학생이 있었는데 채팅창으로 문제를 풀도록 하니 모든 퀴즈에 가장 먼저 대답하는 놀라운 일도 있었답니다. 이렇게 줌의 주석 기능 또는 채팅창 기능을 활용하면 평소에 부끄러움이 많아 발표를 잘 하지 않는 학생의 학습 수준이나 생각을 파악하기 좋습니다. 발표하지 않던 학생이 온라인 수업에서 자신의 생각이나 느낌을 표현한다면, 그 시점을 놓치지 말고 "○○이가 화면에(채팅창에) 이렇게 써주었네. ~하다고 느꼈구나!"라는 피드백을 덧붙여 그 학생을 더욱 칭찬해 주세요.

온라인 비대면 수업을 하다 보면 대면 수업에 비해 어려움이 많은 것이 사실입니다. 하지만 온라인 수업의 장점을 활용해 오프라인 수업에서는 할 수 없는 다양한 경험을 제공한다면 미래사회를 살아갈 학생들의 역량을 강화하는 좋은 기회가 될 것입니다.

꼬마 학교
요리 수업

수업하기 전에

- 학급 특색활동 중 하나인 '꼬마 학교'는 학생이 꼬마 선생님이 되어 1~2시간 동안 반 학생들을 가르치는 활동입니다. 꼬마 학교는 만화 퀴즈 맞추기, 역사 골든벨 퀴즈, 나무 젓가락으로 작품 만들기, 돌멩이에 그림 그리기 등 꼬마 선생님이 좋아하고 자신 있는 수업으로 구상합니다. 이 활동 중 요리 실습 수업을 온라인으로 실시했습니다.
- 온라인 수업 준비: 교실에서 다른 꼬마 선생님들과 함께 수업을 계획하고 준비물을 안 내한 뒤, 온라인으로 리허설과 실제 요리 수업이 진행됩니다. 리허설 때 교사는 꼬마 선 생님 역할을 하는 학생들에게 줌에서 화면 공유와 비디오 기능을 잘 활용할 수 있도록 사전에 연습시켜야 하며, 혼자 요리를 하는 것이 아니라 다른 학생들의 비디오를 관찰 하며 설명할 수 있도록 연습시킵니다.
- 요리 실습 준비물과 사전과제 확인: 실습을 할 재료가 없다면 수업에 참여할 수 없기 때 문에 꼬마 선생님은 늦어도 수업 2주 전부터 학생들에게 필요한 재료를 안내합니다. 학 생들은 오프라인 교실, 학급 단체 대화방 등을 통해 꼬마 선생님에게 질문을 하며 재료 를 준비합니다. 안전사고가 발생할 수 있으므로 여러 가지 조리 도구를 사용할 경우 부 모님과 연습하거나 사용 방법을 익히는 과제를 제시합니다. 부모님과 2번 이상 연습한 뒤 이를 교사에게 확인받아야 수업에 참여할 수 있습니다.
- 오프라인 수업 준비: 학생들이 꼬마 학교 수업을 구체적으로 계획할 수 있도록 계획서 를 작성해서 나눠주고, 꼬마 선생님들끼리 의논한 뒤 수업을 할 날짜와 교시, 준비물 등 을 기록한 계획서를 교사에게 제출하도록 합니다.

ON&OFF 연계 Tip

- 교사는 줌에 접속하여 설정 메뉴에 들어가 호스트 이외의 사용자 화면 공유 허용을 체 크해둡니다. 그래야 학생들이 PPT 자료를 보여주며 설명할 수 있습니다.
- 요리 실습을 위한 준비물, 조리도구 사용 연습 등 수업을 위한 사전 과제는 학급 밴드, 학급 단체 대화방, 줌 등을 활용하여 꼬마 선생님이 온라인으로 계속 확인합니다.
- 요리 실습 결과물은 줌 비디오 화면으로 함께 볼 수 있지만, 음식을 들고 모두 함께 단 체 사진을 찍거나 음식 사진을 학급 단체 대화방에 올려 공유하는 등의 활동을 통해 온라인상에서 학생들을 연결하여 추억을 만들 수 있습니다.

요리 실습 재료 안내 및 설명

수업용 PPT 제작

학생들이 꼬마 학교를 포함한 학급 특색활동에 대한 회의를 할 수 있도록 국어, 창체 시간을 활용해요. 꼬마 선생님은 회의록에 수업 신청 날짜와 정확한 교시와 교과, 계획, 필요한 준비물 등을 기록하여 교사에게 확인받아요. 꼬마 선생님이 40~80분 동안 직접 수업을 하기 때문에 학생들이 준비해야 할 것, 꼬마 선생님들이 도와줄 것, 선생님께 요청해야 할 것을 구체적으로 생각할 수 있도록 충분한 시간을 줍니다. 필요한 재료를 설명한 활동지를 만들어 학생들에게 나눠주기도 합니다. 오프라인에서 꼬마 선생님의 설명을 듣고 질문을 하며 학생들은 수업에 대한 궁금증을 해소하고 수업에 대한 기대감이 커집니다. 꼬마 선생님은 온라인 수업 때 사용할 PPT 자료를 학교나 가정에서 제작하며 수업을 준비합니다.

꼬마 학교 요리 실습 수업을 준비할 때 고려할 점은 무엇일까요? 첫째, 쉽게 구할 수 있는 재료이어야 합니다. 재료가 너무 까다롭거나 비싸서 구하기 힘들면 오히려 부담이 될 수 있어요. 계란, 식빵, 과일 등 가정에서 쉽게 준비할 수 있는 재료를 이용해요. 둘째, 누구나 쉽게 만들 수 있는 간단한 요리여야 합니다. 아무리 학생들이 좋아하고 맛있는 음식이지만, 요리 방법이 복잡하다면 요리 수업의 즐거움을 느끼기 힘듭니

가열 제품을 사용했던 요리 실습 수업(라면)

다. 커다란 피자 대신에 식빵 피자, 김밥 대신에 주먹밥이나 유부초밥 등 만들기 쉬운 요리로 대체할 수 있습니다. 셋째, 최대한 가열 제품을 사용하지 않는 요리가 좋습니다. 온라인 수업의 경우 보호자가 곁에 있을 수도 있지만, 없는 경우가 대부분입니다. 안전사고의 위험이 있기 때문에 가스레인지 대신에 전자레인지를 활용하는 요리가 좋고, 꼭 사용해야 하는 재료는 보호자의 도움을 받아 미리 굽거나 볶은 뒤 필요할 때 전자레인지에 잠깐 데워서 사용하는 방식이 좋아요. 재료를 칼로 썰어야 할 경우 미리 보호자의 도움을 받아 재료를 손질해둔 뒤 수업 당일에 사용하도록 합니다. 식빵, 맛살 등 간단히 썰 수 있는 재료는 빵집에서 사용하는 케이크 칼(플라스틱)을 사용하는 것도 가능해요. 이 3가지를 모두 고려해 요리를 정해야 합니다.

※추천 요리: 샌드위치/토스트, 계란/감자/고구마/단호박 샐러드, 주먹밥, 토핑 유부초밥, 식빵 케이크, 과일 화채, 빙수(음료나 우유 얼려서 얼음 제작 가능), 식빵 피자, 머핀(전자레인지 사용하는 키트 있음) 등

줌(zoom)을 활용한 리허설

리허설 때 함께 요리 실습에 참여한 모습

　실제 꼬마 학교 요리 수업하기 전 반드시 교사와 꼬마 선생님은 줌을 활용한 리허설을 해야 해요. 학생 혼자 수업을 해보는 것은 처음이기도 하고 수업 당일에는 다양한 변수가 존재하기 때문에 꼬마 선생님이 당황하지 않도록 차근차근 연습합니다. 교사와 꼬마 선생님은 직접 요리 실습이 가능한 시간에 리허설 약속을 잡아요. 교사가 퇴근 후 집에서 요리 실습을 함께 하며 학생의 입장이 되어 여러 가지 질문이나 돌발 상황을 만드는 것도 좋아요. 리허설을 마친 후 함께 만든 요리를 먹으면서 두런두런 이야기를 나누는 시간도 소중한 추억이 된답니다.

리허설 순서는 이렇게 이루어집니다. 첫째, 꼬마 선생님이 준비한 PPT 화면을 직접 공유하며 설명하기. 둘째, 준비된 재료로 요리 실습하기. 셋째, 꼬마 선생님의 리허설 후 느낀 점 나누고 교사에게 질문하기. 순서는 간단하지만 리허설을 통해 꼬마 선생님은 간접적으로 자신의 수업을 체험할 수 있기 때문에 수업을 할 때 주의해야 할 점과 고려할 점 등을 깨닫게 됩니다.

실제 수업을 할 때 꼬마 선생님이 안내해야 할 것은 어떤 것이 있을까요? 요리 실습 수업이다 보니 안전과 청결에 대한 내용을 꼭 언급하라고 해요. 첫째, 재료 준비된 정도 확인하기. 둘째, 손 깨끗이 씻고 필요한 경우 위생 장갑 착용 권유하기. 셋째, 안전사고가 일어나지 않도록 관련된 규칙 이야기하기. 이 3가지는 꼬마 선생님 스스로 알기 힘든 부분이기 때문에 리허설을 하며 교사가 꼭 안내해줘야 합니다.

ON 3. 꼬마 학교 요리 수업

꼬마 학교 요리 수업이 시작되면 교사는 꼬마 선생님의 비디오를 추천해요. 교사는 학교에 있기 때문에 함께 요리 실습에 참여할 수는 없지만, 가상 배경이나 비디오 필터를 활용해서 요리 실습의 느낌을 내고 학생들의 모습을 즐겁게 관찰해요. 꼬마 선생님은 줌의 화면 공유 기능을 통해 PPT 화면을 학생들과 공유하며 간단히 활동 방법을 설명해요. 재료가 모두 준비되었는지, 손을 씻고 왔는지 등을 확인하고 안전사고를 예방하기 위한 규칙을 이야기 나눈 뒤 꼬마 선생님과 학생들은 요리 실습을 시작합니다.

즐겁게 요리를 완성하고 나면 줌에서 이름 바꾸기 기능을 활용해서 자신의 요리에 어울리는 재미있는 이름을 붙이도록 해요. 이렇게 하면 좀 더 재미있게 다른 친구들

의 요리를 감상할 수 있어요. 이름을 바꾼 뒤 다 함께 기념 촬영을 해요. 교사가 스크린 캡쳐 기능을 통해 학생들의 비디오 화면을 캡쳐한 뒤 학급 단체 대화방이나 밴드에 공유합니다. 또한, 요리 사진을 개별로 촬영하여 학급 단체 대화방이나 밴드에 공유하고, 교사는 이 사진들을 모아서 콜라주하여 학생들에게 다시 한번 공유합니다. 각자

개성 있게 만든 요리를 모아두니 더 먹음직스럽습니다.

사진 촬영 후 우유나 마실 음료를 챙겨 와서 다함께 맛있게 먹는 먹방 타임을 시작해요. 실제 교실은 아니지만, 온라인에서 다함께 재잘재잘 대화하면서 요리를 먹다 보면 어느새 시간이 훌쩍 지나갑니다. 이때 비디오 추천 기능을 활용해서 학생들을 몇 명씩 추천해주면 더욱 재미있는 추억을 만들 수 있어요.

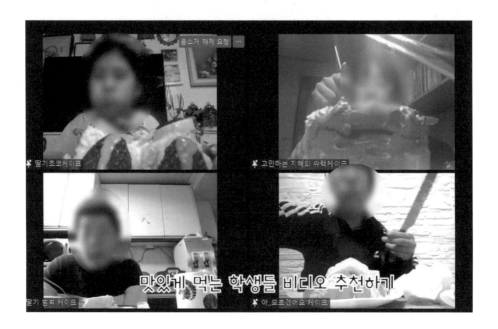

다 먹고 나서 손을 씻고 정리하는 것까지 마치면, 꼬마 선생님과 간단히 소감을 나누고 꼬마 학교 요리 수업은 끝납니다. 이렇게 줌의 다양한 기능을 활용한다면, 오프라인에서 하기 힘든 요리 실습 수업을 할 수 있고 우리 반만의 즐거운 추억을 남길 수 있어요.

㉓ 창의적 체험활동
친구들의 마음을 듣는
학년 학급 특색 라디오

수업하기 전에

- 학년, 학급 특색활동으로 진행할 수 있는 '라디오 수업'은 아이들의 생각을 들어보고, 친구의 경험이나 느낌에 자기 생각을 더해 조언해볼 수 있는 활동입니다. 온라인 수업으로 얼굴을 보기 어려운 아이들과 가까워지기 위해 진행한 수업입니다.
- 사전 활동 준비: 학년에서 진행한 특색활동으로 동학년 선생님들과 라디오 사연 주제나 라디오 촬영 일정을 함께 정했습니다. DJ를 해주실 선생님을 모집하여 수업 사전 준비를 하는 것이 필요합니다.
- 오프라인 활동 준비: 오프라인에서 학생들에게 사연 주제와 사연 전송 방법을 알려줍니다. 구글 설문지 이용법 및 사연 작성 시 지켜야 할 약속이 무엇인지 아이들과 이야기 나누며 오프라인 수업을 합니다.
- 온라인 활동 준비: 구글 설문지로 받은 사연을 DJ 선생님과 함께 읽어보고, 소개하지 않을 사연과 사연 읽기 순서를 조정합니다. 아이들과 함께 학급 라디오를 실시할 때는 줌에서 비밀채팅을 보내는 방법을 익히고, DJ 학생을 선정합니다.

ON&OFF 연계 Tip

- 교사는 '구글 설문지'에 접속하여 사연을 보낼 수 있는 질문을 작성하고 학생들에게 공유할 사이트나 경로를 찾아두면 원활하게 사연을 받을 수 있습니다.
- 오프라인으로 사연을 받는 경우, 포스트잇에 신청곡과 사연을 적어 제출할 수 있습니다.
- 실시간 라디오 진행은 줌에서 참가자 채팅 설정을 '모두에게 직접 공개'로 해줍니다. 그럼 사연을 읽어주길 원하는 학생 DJ나 선생님 DJ에게 DM(zoom 내 1:1 비밀채팅 의미)을 보내 사연을 읽어달라고 요청할 수 있습니다.

한내초 6학년 라디오 사연

한내초 6학년을 위한 라디오 사연을 모집합니다!
라디오 사연은 자유롭게 제출할 수 있으나 다른 사람을 비난하는 말이나 욕설이 담긴 경우 사연으로 받지 않습니다.
고운 말을 사용하며 라디오 사연을 보내주세요!
6학년 선생님들과 라디오로 소통해봅시다.

이번 주제는 "등교 개학을 하며 느낀 점" 입니다.

 학년 또는 학급에서 실천할 수 있는 특색활동에는 어떤 것이 있을까요? 여유롭게 남은 창의적 체험활동 시간, 아이들과 따뜻한 마음을 열기 위해서 라디오 수업을 추천해요. 라디오 수업은 학생들의 사연을 받아 선생님 또는 또래 친구가 조언을 해주거나 생각을 말해주는 활동이에요. 먼저, 학년 특색활동 라디오 수업을 준비할 땐 선생님들의 아이디어와 시간이 필요해요. 첫 라디오 사연 주제를 선정하고, 라디오 영상은 언제 촬영할지 생각하여 실제로 라디오를 진행해야 하기 때문이죠. 또, 학생들에게 라디오 수업을 왜 하는지, 그리고 사연을 어떻게 제출할 수 있는지도 설명이 필요합니다.

 아무리 좋은 활동이라도, 목표가 없다면 학생들에게 의미 있는 활동이 되지 않을 것입니다. 먼저, 왜 이 학년 특색활동을 고르게 되었는지 생각해보세요. 어떤 주제로 이야기를 나누고 싶은지, 풀어내고 싶은 이야기는 무엇인지, 어떤 효과를 얻길 바라는지 생각하고 특색활동을 계획해야 합니다.

 하고 싶은 이야기가 정해졌다면, 학생들에게 활동하는 이유와 참여 방법을 안내합니다. 사연을 받는 방법은 쪽지에 써서 제출하거나 메시지로 전송하기 등 다양한 방법 중 원하는 방법을 선정하여 진행할 수 있어요. 비대면 수업을 하는 상황에서 편하게 의견을 수합할 수 있는 온라인 설문 사이트를 활용하는 것도 방법입니다. 라디오 사연을 받으며 필요한 정보를 질문으로 만들 수 있습니다.

몇 반인가요?(정확하게 필수 응답) *

○ 6학년 1반

○ 6학년 2반

○ 6학년 3반

○ 6학년 4반

○ 6학년 5반

이름은? (익명을 원하는 경우 '익명' 또는 별명 쓰기 가능) *

단답형 텍스트

신청곡은? (가수명-노래제목으로 적기) *

단답형 텍스트

사연은? (등교개학하니 어떤 점이 좋았어요~ 어떤 점이 아쉬워요 등 다양한 사연 가능) *

장문형 텍스트

6학년 선생님들께 하고 싶은 말은?

장문형 텍스트

첫 번째 라디오 사연 질문

질문으로 소속을 알 수 있는 반, 이름을 넣을 수 있어요. 이름을 넣을 땐 예민하거나 민감한 사연일 수 있으므로 별명을 적어도 된다고 말해줍니다. 별명이나 익명으로 하면 더욱 편안하게 하고 싶은 이야기를 할 수 있습니다. 재미있는 사연 주제를 제시해도 좋고, 자유 주제로 해도 좋아요. 다만 처음 시작할 땐 사연 작성을 어렵게 느낄 수 있으므로 주제를 제시하는 것이 좋습니다. 마지막으로 라디오 수업을 진행하는 목적이 학생들과의 소통이므로, 하고 싶은 말을 질문으로 받아도 좋습니다.

※추천 주제: 날씨와 관련된 경험, 나의 최고의 ○○, 올해 가장 기억에 남는 사건 등

라디오 활동 영상을 만들어 학급 카페에 게시하고, 쉬는 시간에 틀어주었어요. 아이들은 자기 사연이 나올까 기대하며 듣기도 하고, 사연의 주인공이 누구일지 맞혀보며 재미있게 라디오를 들었어요. 그러다 며칠 라디오 업로드가 늦어지면 쪼르르 다가와 "선생님 다음 라디오 언제 나와요?" 묻는 친구들도 생겼습니다.

아이들이 이렇게 좋아하는 라디오 활동인데 좀 더 참여할 수 있게 만들어주면 어떨까 하는 생각에 원하는 라디오 사연 주제를 제시할 수 있게 설문지를 수정했습니다.

★사연은? ("중학교 때 걱정되는 것") *

장문형 텍스트

★신청곡은? (가수명-노래제목으로 1곡만 적기) *

단답형 텍스트

다음 라디오 주제로 원하는 것은?

단답형 텍스트

더 하고 싶은 말!

장문형 텍스트

다섯 번째 라디오 사연 질문

사연 질문 중 '다음 라디오 주제로 원하는 것은?'은 필수 응답을 해제하여 원하는 친구들만 참여할 수 있게 했고, 사연 제출 학생 중 많은 학생이 라디오 주제를 제시하기도 했어요. 아이들도 참여하며 선생님과 학생이 함께 만들어나가는 라디오 활동이 되었습니다.

다음 라디오 주제로 원하는 것은?
응답 9개

자신 생일할 가지고싶은것

겨울 때 하고싶은 일

♡

내가 초능력이 생기면 무슨 초능력?(이유까지)

중학교때 걱정되는것

장래희망

졸업을 앞둔 나에게 하고 싶은 말

딱히없어요

내옆에 무엇이 필요한가?

네 번째 라디오 사연 응답

다음 라디오 주제로 원하는 것은?
응답 23개

중학생때 코로나가 끝나게되면 하고 싶은것

"코로나가 끝나면 제일 먼저 하고싶은거"

좋아하는 급식

아무거나

졸업하고 하고싶은것?

집에서 놀수있는것

당연한 것이기에 소중함을 잊고 살았던 것

부모님이 허락해주시지 않아서 서운했던적

자신의 꿈?

다섯 번째 라디오 사연 응답

　더 재미있는 라디오 진행을 위해 이번엔 학생들이 DJ가 되어 사연을 읽어주고, 이야기해주면 좋겠다는 생각에 학급에서도 특색활동 수업으로 진행했습니다. 먼저 오프라인에서 라디오 DJ를 맡고 싶은 친구들을 선발합니다. 함께 사연 주제를 정하고, 가족과 학생들 모두 라디오 사연을 작성할 수 있게 학급 SNS에 게시하여 사연을 받았습니다.

라디오 영상을 만들어 보내주던 기존 방법에서, 아이들끼리 영상을 만드는 게 어려울 것이란 생각에 줌을 이용했습니다. 줌의 DM을 활용하여 DJ를 맡은 친구들에게 사연을 보내줍니다. DJ는 받은 사연을 읽고 자기 생각을 이야기합니다.

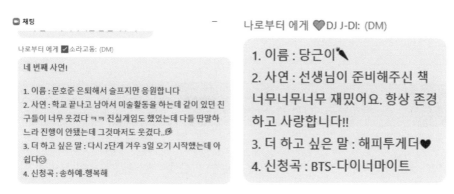

DJ에게 학급 라디오 사연을 보낸 모습

친구 사귀기가 힘들다는 사연을 담은 친구가 있었습니다. 바로 DJ가 아닌 학급 친구들도 하고 싶은 말이 있는지 물어보고 줌의 손들기 기능을 이용해 의견을 말할 친구가 누구인지 확인해보았습니다.

참가자(16)
Q 참가자 찾기
진주 이 (호스트, 나)
채디
김치
소라고동
dj우디
DJ 노근대위

추가로 조언해줄 친구들이 손들기 한 모습

사연에 공감하고, 처음 다가갈 땐 어렵지만 말 한마디만 용기 내어 해보자거나 친구의 관심사를 기억하고 관심사에 대한 대화를 하는 방법 등 자신만의 방법을 이야기하며 적극적으로 라디오 활동에 참여했습니다. 학생들이 DJ가 되어 친구의 이야기를 듣고 공감할 수 있도록 활동을 구상하면, 더욱 깊이 있게 소통할 수 있습니다.

ON   3. 실시간 쌍방향 라디오 진행하기

아이들이 좀 더 재미있게 시청하기를 바라는 마음에서 선생님 얼굴이 보이게 화면을 설정하여 영상을 만들기도 했습니다.

화면에 교사 모습이 나오도록 설정하여 만든 영상

그렇게 다양한 방식으로 라디오 녹화를 진행해도 소통에 아쉬움이 느껴졌습니다. 그래서 마지막 라디오 특색활동은 좀 더 많이 소통할 수 있게 줌을 활용하자는 의견이 나왔습니다.

마지막 사연은 실시간 소통이 좀 더 많이 이루어지게 하기 위해서 구글 설문지로 일부 받고, 줌의 DM을 활용했습니다. 각 반의 담임선생님 비디오를 모두에게 추천하여 화면을 보여주며 순서에 따라 DM으로 받은 사연을 읽었습니다. 실시간으로 소통하며 진행되는 라디오 활동에 흥미를 느낀 아이들이 사연을 많이 보내서 1시간에 걸쳐 수업을 진행하기도 했습니다.

실시간 쌍방향 라디오 진행

온라인 수업으로 인해 우리 반 또는 학년 전체의 소통이 부족하다고 느껴진다면, 라디오 수업을 통해 소통하고 생각을 나누는 시간을 가질 수 있습니다. 더욱 깊이 있게 아이들의 이야기를 듣고, 생각을 나눌 수 있는 특색활동으로 수업에 따뜻함을 남길 수 있습니다.

[하얀 세상이 되면]
겨울에 먹으면 별미인 간식

수업하기 전에

- 특수학급은 특성상 1학년에서 6학년까지 다양한 학년의 학생이 함께 공부합니다. 또한, 학생 개인별로 학습 수행 수준도 다양합니다. 따라서 기본교육과정 성취기준을 중심으로 주제중심의 교육과정을 재구성했습니다. 본 수업은 주제 '하얀 세상이 되면'으로 겨울에 관해 학습하는 수업이며, 겨울에 먹으면 별미인 간식에 대해 알아보는 단원으로 총 3차시 수업이 진행됩니다.
- 온라인 수업 준비: 겨울 간식 그림 그리기와 이름 알기, 투표하기 수업은 온라인 수업으로 진행됩니다. 이에 따라 구글 잼보드, 줌 화면 공유 및 주석 기능, 멘티미터 등의 프로그램을 활용했습니다. 보호자에게 에듀테크 이용 방법을 사전에 안내하고, 학생들의 등교일에 사전 연습을 충분히 진행해주세요.
- 오프라인 수업 준비: 온라인으로 배운 간식 이름을 써보는 활동으로 학생 학습 수행 수준별로 개별화된 학습 활동지를 제공합니다. 따라서 학습 꾸러미를 통해 학생들의 개별 학습 활동지를 미리 제공하는 방식을 활용했습니다. 그리고 등교일에 맞춰 학생들이 겨울 간식을 직접 맛볼 수 있도록 준비했습니다.

ON&OFF 연계 Tip

- 구글 잼보드, 줌, 멘티미터 프로그램을 활용했습니다.
- 사전에 보호자에게 수업과 관련 있는 에듀테크 이용 방법을 안내합니다.
- 학생들이 다양한 에듀테크에 익숙해질 수 있도록, 등교 학습을 하는 날에도 교실에서 다양한 에듀테크를 활용한 수업을 진행하면 좋습니다.
- 온라인 및 오프라인 수업에서 특수교육대상학생들의 개별화교육이 실천될 수 있도록 교사가 학생들의 교육 요구 수준에 맞게 수업을 정교하게 재구조화해서 제공하면 좋습니다.

ON 1. 내가 먹어본 음식 표현하기

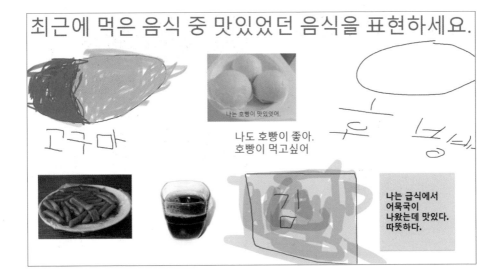

최근에 먹은 음식 중 맛있었던 음식을 표현하세요.

고구마

나는 호빵이 맛있었어.

나도 호빵이 좋아.
호빵이 먹고싶어

나는 급식에서
어묵국이
나왔는데 맛있다.
따뜻하다.

  특수교육대상자들의 학습 흥미를 불러일으키고, 학습 효과를 극대화하기 위해 학생들의 경험을 활용한 수업을 1차시 마음 열기 활동으로 진행했습니다. 구글 잼보드를 활용하여 '최근에 먹었던 음식 중 맛있었던 음식 표현하기' 활동을 준비했는데, 무엇을 표현해야 할지 어려워하는 학생도 있었습니다. 그래서 어느 정도 표현하는 시간을 제공한 뒤에, 단서가 필요한 학생들을 위해 '겨울 간식'이라는 동요를 들려준 뒤 잼보드 활동을 지속하도록 격려했습니다.

  경도 장애 학생들은 개별적으로 사진을 검색해서 올리거나, 그림 그리기, 단어나 문장으로 표현을 했습니다. 중도 장애 학생은 교사가 외곽선을 그려주고, 학생이 스스로 색을 선택하여 색칠하는 활동으로 대체하여 활동했습니다. 본 활동을 위해 학생들이 등교 하는 날에 꾸준히 잼보드를 사용하는 방법을 안내하고, 수업 시간에 여러 번 활용해본 것이 큰 도움이 되었습니다.

 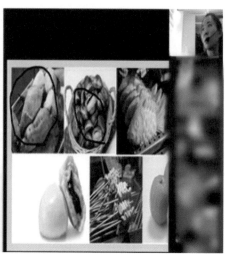

　1차시 마음 열기 활동으로 최근에 먹은 음식 중 맛있었던 음식을 표현하고 난 뒤, 겨울에 먹으면 별미인 간식을 알아봤습니다.(총 6가지 종류로 고구마, 군밤, 붕어빵, 호빵, 어묵, 귤) 줌을 활용하여 학교에 등교한 학생과 가정에서 학습을 하는 학생이 함께 수업에 참여했습니다. 등교한 학생들도 온라인 수업에 적응하고 익숙해지도록 각각 태블릿PC를 제공했고, 각자 화면을 보면서 수업에 참여했습니다. 중도 장애 학생들은 학습 공간의 차이에 따라 보호자의 지원이나 보조 인력의 지원을 받았습니다. 줌 화면 공유 기능을 통해 간식의 사진과 이름을 보여준 뒤, 학생들이 글자를 읽거나 교사를 따라 말해보는 활동으로 한 명씩 모든 학생이 고르게 수업에 참여했습니다. 학생들 전체 음소거는 하지 않았고, 학생들이 줌 사용에 익숙해지고 규칙을 습득할 수 있도록 다른 친구들이 말하기 활동을 할 때 조용히 기다려줄 수 있도록 사전에 규칙을 안내했습니다.

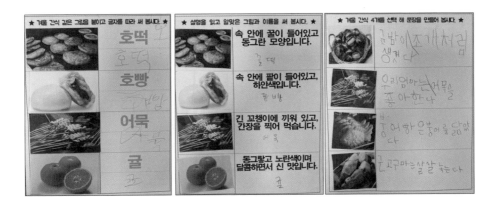

　잼보드와 줌을 활용한 1차시 수업이 끝나고 2차시 수업으로 오프라인 수업을 진행했습니다. 2차시 오프라인 수업은 학생 수준별 학습활동지, 즉 과제 제시 형태로 진행했습니다. 학생 수준별로 학습활동지를 등교일에 맞추어 미리 학습 꾸러미로 제공했습니다. 가정에서 학생 스스로 또는 보호자나 보조 인력의 지원을 받아 학생 수행 수준별로 글자를 따라 쓰거나, 설명하는 문장을 읽고 어떤 음식인지 맞춰보거나, 겨울 간식을 선택해 문장을 만들어보는 활동을 했습니다. 그리고 등교 개학일에 맞춰 학습 활동지를 가지고 등교하도록 안내했습니다. 학습 활동지가 학생 등교일에 맞춰 미리 나가야 하는 상황이므로, 최소 1주 전에 모든 수업 구상 및 준비가 완료되어야 했습니다. 따라서 동학년이 없는 특수학급 특성상 교사에게 수업을 준비할 수 있는 시간이 절대적으로 부족했고, 그만큼 피로도가 높았습니다.

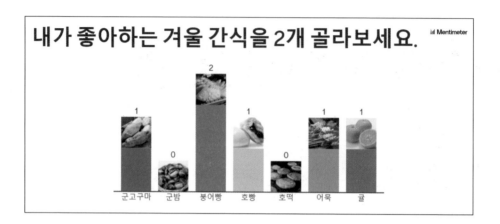

2차시 수업 과제로 멘티미터 프로그램으로 '내가 좋아하는 겨울 간식' 투표를 진행했습니다. 보호자님 또는 학생 개별 핸드폰으로 링크를 보내 투표에 참여할 수 있도록 했습니다. 멘티미터 프로그램 역시 학생들이 등교 수업을 할 때 교사와 여러 차례 연습을 해 익숙하게 사용할 수 있도록 사전 지도를 했습니다. 그래서 멘티미터 프로그램에 익숙해져 있었고, 멘티미터 기능 중 투표하기 기능을 여러 번 연습을 한 경험이 있어서 이를 활용하는 데 큰 어려움은 없었습니다. 물론 중도장애 학생들은 보호자의 도움을 필요로 했습니다.

스스로 한글을 읽을 수 있는 학생은 소리 내어 한글을 읽고 투표했습니다. 스스로 한글 읽기가 힘든 학생은 사진을 보고 투표에 참여했습니다. 다양한 간식이 표를 얻었지만, 붕어빵이 가장 많은 득표를 얻었습니다.

OFF 5. 우리가 투표한 간식 맛보고 표현하기

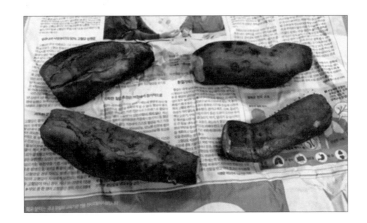

멘티미터로 학생의 응답을 보고, 학급 활동비로 붕어빵과 호빵, 고구마를 간식으로 준비했습니다. 그리고 학생들과 함께 교실에 있는 오븐에 간식들을 구워 먹었습니다. 학생들은 겨울 간식 맛을 보고 실제로 가장 맛있는 음식으로 고구마를 선택했습니다. 투표 결과를 다시 한번 살펴보면서 내가 처음에 선택한 것과 어떻게 의견이 달라졌는지 이야기를 나누어 보았습니다. 학생들이 가장 맛있는 음식으로 선택한 고구마의 맛과 느낌을 친구들과 공유하며 학습을 마무리했습니다.

㉕ 특수교육대상자 수업
[하얀 세상이 되면]
새해가 왔어요

수업하기 전에

- 특수학급은 특성상 1학년에서 6학년까지 다양한 학년의 학생이 함께 공부합니다. 또한, 학생 개인별로 학습 수행 수준도 다양합니다. 따라서 기본교육과정 성취기준을 중심으로 주제중심의 교육과정을 재구성했습니다. 본 수업은 주제 '하얀 세상이 되면'으로 겨울에 관해 학습하는 수업이며, 국어와 수학 성취기준을 재구성함으로써 새해가 온 것을 알고, 새해 소원을 적어보는 단원으로 총 3차시 수업이 진행됩니다.
- 온라인 수업 준비: 1년/1달/1주일 알기와 복습하기(배운 내용 평가), 소원의 의미 알기 수업은 온라인으로 진행됩니다. 이에 따라 줌 화면 공유 및 주석 기능, 구글 설문지 등의 프로그램을 활용했습니다. 보호자에게 에듀테크 이용 방법을 사전에 안내하고, 학생들의 등교일에 사전 연습을 충분히 진행해주세요.
- 오프라인 수업 준비: 학생별로 수를 읽고 쓰는 활동으로 1월 달력 만들기는 학습 과제로 진행했습니다. 따라서 학습 꾸러미를 통해 학생들의 개별 학습 활동지를 미리 제공하는 방식을 활용했습니다.

ON&OFF 연계 Tip

- 줌, 구글 설문지 프로그램을 활용했습니다.
- 사전에 보호자에게 수업과 관련 있는 에듀테크 이용 방법을 안내합니다.
- 학생들이 다양한 에듀테크에 익숙해질 수 있도록, 등교 학습을 하는 날에도 교실에서 다양한 에듀테크를 활용한 수업을 진행하면 좋습니다.
- 온라인 및 오프라인 수업에서 특수교육대상학생들의 개별화교육이 실천될 수 있도록 교사가 학생들의 교육 요구 수준에 맞게 수업을 정교하게 재구조화해서 제공하면 좋습니다.

💡 활동 1. 2021년이 되었어요.

1달은 30~31일 입니다.

특수교육대상자들에게 시간의 흐름과 날짜 개념은 매일 반복해서 가르치는 것이 좋습니다. 그래서 일반적으로 많은 특수교사가 수업 시작 전에 오늘의 날짜 알기로 수업을 시작하곤 합니다. 본 수업은 새해가 되고 연도가 바뀜을 인지할 수 있도록 계획했습니다.

특수교육대상자들의 학습 흥미를 불러일으키고, 학습 효과를 극대화하기 위해 '새해 맞이 송'을 먼저 들었습니다. 그리고 줌 화면공유 기능을 활용하여 1년, 1달, 1주일의 개념을 알아봤습니다. 학생들은 학년도 말이 되자 줌 사용에 익숙해졌고, 큰 어려움 없이 수업에 참여했습니다. 교사와 함께 날짜를 세어보는 활동을 할 때도, 다른 친구들의 목소리를 듣고 그 속도를 맞추는 등 놀라운 발전 모습을 보였습니다.

출처 : 키즈키드

　전체 활동으로 1년, 1달, 1주일의 개념을 알아본 뒤, 가정학습 과제로 1월 달력 만들기를 실시했습니다. 학생들 학습 수행 수준에 따라 1월 달력 만들기 과제를 다르게 제시했습니다. 대부분의 활동을 스스로 할 수 있는 경도 장애 학생은 각자 집에 있는 달력을 보며 달력 만들기를 했고, 간헐적인 도움을 필요로 하는 장애 학생은 교사가 제공한 학습활동지를 보고 숫자를 따라 쓰도록 했습니다. 그리고 확장적 또는 전반적 지원이 필요한 중도 장애 학생은 교사가 제공한 학습 활동지에서 그림자 글자를 따라서 숫자를 쓰도록 했습니다. 소근육의 힘이 약하거나 스스로 쓰기 도구를 사용하기 힘든 학생이 있다면, 주별로 색깔 단서를 제공하여 같은 색과 같은 수를 찾아 붙여 달력을 완성하도록 자료를 수정해주면 좋을 것 같습니다.

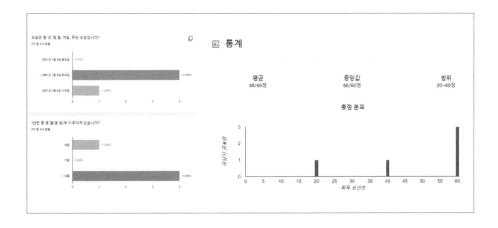

〔새해가 왔어요〕 2차시 활동으로 지난 시간 학습한 내용을 복습하는 활동으로 시작을 했습니다. 구글 설문의 단점은 한글 해독 능력이 없는 학생은 활동에 스스로 참여할 수 없다는 점입니다. 그래서 아쉽기는 했지만, 구글 설문 기능을 경험하도록 하고 싶어서 활용을 해보았습니다.

 학생의 한글 해독 능력에 따라 스스로 읽고 복습 활동을 하는 학생도 있었고, 옆에서 보호자나 보조 인력이 문항을 읽어주고 응답하는 학생도 있었습니다. 저희 반 중도장애학생은 보조 인력이 문제를 읽어주고, 답을 말해준 뒤, 손을 잡고 답을 체크하는 방식으로 구글 실문지를 활용한 복습 활동에 참여했습니다.

  2차시 수업으로 줌을 활용해 '소원'의 의미를 알아봤습니다. 그리고 학교에서 대면 수업을 하는 학생은 종이에 소원을 적어보았고, 가정에서 온라인 수업을 하는 학생은 줌 주석 기능을 활용해 소원을 적어보았습니다.

  가정에서 온라인 수업에 참여하는 학생은 총 4명이 있었는데, PPT 구성을 두 명씩 배정해준 뒤 일정 시간 시간을 주고 다 완성되면 화면 저장을 했습니다. 그다음 주석 기능 모두 지우기를 한 뒤에 다음 학생들이 주석 기능을 활용해 학습 활동에 참여할 수 있도록 했습니다.

  학생들이 적은 소원은 인쇄하여 교실 환경을 구성하는 데도 활용하며 학습을 마무리했습니다.

㉖ 특수교육대상자 수업

[우리가 함께하는 세상]
공공기관에서 하는 일

수업하기 전에

- 특수학급은 특성상 1학년에서 6학년까지 다양한 학년의 학생이 함께 공부합니다. 또한, 학생 개인별로 학습 수행 수준도 다양합니다. 따라서 기본교육과정 성취기준을 중심으로 주제중심의 교육과정을 재구성했습니다. 본 수업은 주제 '우리가 함께하는 세상'으로 이웃에 대해 학습하는 수업이며, 공공기관의 종류와 하는 일에 대해 알아보는 단원으로 총 2차시 수업이 진행됩니다.
- 온라인 수업 준비: 오프라인 수업에서 배운 내용을 패들렛과 멘티미터를 활용해 점검하도록 했습니다. 보호자에게 에듀테크 이용 방법을 사전에 안내하고, 학생들의 등교일에 사전 연습을 충분히 진행해주세요.
- 오프라인 수업 준비: 공공기관의 종류와 하는 일을 대면 등교일에 교실에서 학습했습니다. 그리고 배운 내용을 학생 수행 수준별 학습활동지로 점검했습니다.

ON&OFF 연계 Tip

- 패들렛, 멘티미터 프로그램을 활용했습니다.
- 사전에 보호자에게 수업과 관련 있는 에듀테크 이용 방법을 안내합니다.
- 학생들이 다양한 에듀테크에 익숙해질 수 있도록, 등교 학습을 하는 날에도 교실에서 다양한 에듀테크를 활용한 수업을 진행하면 좋습니다.
- 온라인 및 오프라인 수업에서 특수교육대상학생들의 개별화교육이 실천될 수 있도록 교사가 학생들의 교육 요구 수준에 맞게 수업을 정교하게 재구조화해서 제공하면 좋습니다.

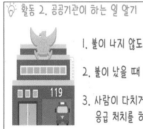

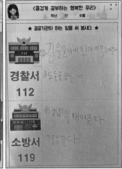

출처 : 키즈키드

    학생들과 공공기관의 의미와 종류에 대해서 알아보았습니다. 대면 학습 일에 학생들과 직접 상호작용하며 수업을 진행했습니다. 1차시에는 공공기관의 의미를 알아보고, 공공기관의 종류로 경찰서, 소방서, 우체국, 학교를 학습했습니다. 그리고 학습 수행 수준별 학습활동지로 학습 내용을 점검했습니다. 2차시에 각 기관이 하는 일에 대해 조사를 한 뒤, 학습 수행 수준별 학습활동지로 학습 내용을 점검했습니다. 학습활동지는 키즈키드에서 다운로드 받아 학급 학생들에게 맞게 수정하여 사용했습니다.

ON 2. 공공기관의 하는 일 정리하고 퀴즈 풀기

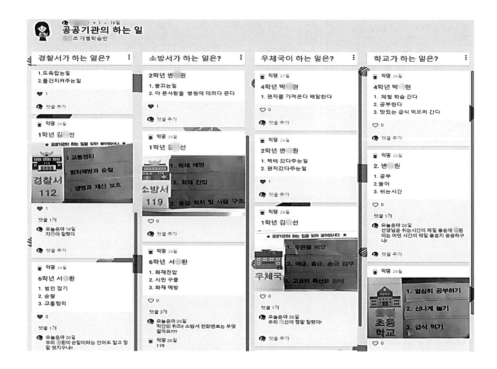

　1~2차시에서 배운 내용을 학생 스스로 패들렛에 정리하는 시간을 가졌습니다. 학생들의 학습 수행 수준에 따라 한글을 아는 학생은 직접 패들렛을 작성했고, 한글을 모르는 학생은 태블릿PC의 음성 인식 기능을 활용하여 패들렛을 작성했습니다.(음성 인식 기능으로 한글 전환이 됩니다) 꼭 태블릿PC 음성 인식 기능이 아니더라도 패들렛 기능 중 음성을 올리는 기능을 활용해 학생이 직접 배운 내용을 말해보는 것도 좋을 것 같습니다. 발화 및 한글 작성이 어려운 중도 장애 학생은 학생이 활동한 학습 활동지를 사진으로 올리는 방식으로 수업에 참여했습니다. 이때 보호자나 보조 인력의 도움을 받았습니다. 그리고 마지막 활동으로 멘티미터 프로그램을 활용하여 배운 내용을 퀴즈로 최종 점검했습니다.

276 • 온앤오프 연계수업